V&R

Silke Heimes

Du – Ich – Wir

Kreatives Schreiben für die Liebe

Vandenhoeck & Ruprecht

Bibliografische Information der Deutschen Nationalbibliothek

Die Deutsche Nationalbibliothek verzeichnet diese Publikation in der
Deutschen Nationalbibliografie; detaillierte bibliografische Daten sind
im Internet über http://dnb.d-nb.de abrufbar.

ISBN 978-3-525-49012-9

Weitere Ausgaben und Online-Angebote sind erhältlich unter: www.v-r.de

Umschlagabbildung: beeboys/shutterstock.com

© 2016, Vandenhoeck & Ruprecht GmbH & Co. KG,
Theaterstraße 13, D-37073 Göttingen /
Vandenhoeck & Ruprecht LLC, Bristol, CT, U.S.A.
www.v-r.de
Satz: SchwabScantechnik, Göttingen
Druck und Bindung: ⊕ Hubert & Co GmbH & Co. KG,
Robert-Bosch-Breite 6, D-37079 Göttingen

Gedruckt auf alterungsbeständigem Papier.

Ich mache meine Sache,
ich bin ich,
du machst deine Sache,
du bist du.
Es ist nicht meine Aufgabe,
deine Erwartungen zu erfüllen,
und du musst meine nicht erfüllen.

Ich bin ich und du bist du,
und wenn wir einander begegnen,
ist das wunderschön,
wenn nicht,
ist das so.

»Gestaltgebet« von Fritz Perls (1976)
(Übersetzung aus dem Amerikanischen durch die Autorin)

Inhalt

Vorwort

Wer bitte ist Silke Heimes, dass sie sich befugt fühlt, ein Buch über Beziehungen zu schreiben? Wer fühlt sich überhaupt befugt, ein Buch über Beziehungen zu schreiben? Oder über Liebe? Sicher doch nur jemand, der selbst eine stabile und glückliche Beziehung hat – langjährig, versteht sich. Oder jemand, der wenigstens theoretisch Bescheid weiß, von Berufs wegen gewissermaßen, ein Paartherapeut[1], ein Sexualtherapeut, ein …

Aber es soll ja durchaus Chirurgen geben, die einen Blinddarmdurchbruch operieren, ohne selbst einen gehabt zu haben. Hebammen, die zum sanften Atmen einladen, ohne je ein eigenes Kind bekommen zu haben. Oder Automechaniker, die … Aber lassen wir das. Ich bin mir sicher, niemand weiß wirklich, wie man eine glückliche Beziehung führt, weil es *die* glückliche Beziehung nicht gibt. Es gibt immer nur individuelle Lösungen für Beziehungen, für das Zusammenleben, dafür, wie etwas funktionieren könnte.

Und um es noch ein wenig komplizierter oder beliebiger zu machen: Was bei einem Paar eine Zeitlang funktioniert hat, kann zu einer anderen Zeit plötzlich nicht mehr funktionieren. Menschen verändern sich, Beziehungen verändern sich. Etwas fällt weg, etwas kommt hinzu. Gemeinsame Pläne oder Träume können sich zu einsamen Plänen und Träumen entwickeln – oder zerplatzen.

Also kein Buch? Keine Therapie? Einfach alles hinschmeißen, wenn es nicht mehr flutscht? Auch das wäre natürlich eine Möglichkeit, zu der ich Ihnen allerdings nicht unbedingt rate, weil ich sonst kaum dieses Buch geschrieben hätte. Was ich in Wahrheit sagen will, ist, dass es niemanden gibt, der weiß, wie Ihre Beziehung am besten zu führen wäre. Nicht einmal Sie oder Ihr Partner wissen das mit

---

1 Es wurde im gesamten Text die männliche Schreibweise gewählt. Genauso gut hätte die weibliche gewählt werden können. Es geht dabei nur um die bessere Lesbarkeit.

Sicherheit. Aber Sie sind zumindest diejenigen, die es herausfinden können, Schritt für Schritt und zu jeder Zeit aufs Neue.

Und genauso sollten Sie dieses Buch nutzen. Ausprobieren, was für Sie stimmig ist, was Ihnen hilft, was Ihnen gute Anregungen gibt. Vielleicht finden Sie auch heraus, dass Sie einige Übungen verändern müssen, damit diese für Sie Sinn machen. Oder Sie merken, dass das Buch für Sie vielleicht einen Anreiz bietet, Sie aber noch etwas anderes oder mehr brauchen.

Versuchen Sie, achtsam für sich, für Ihren Partner und für den Prozess zu sein. Offen, neugierig und bereit, sich allein, gemeinsam oder auch mit Hilfe auf die Suche nach einer gelingenden Beziehung zu machen. Sie sind auf dem besten Weg, mehr über sich, Ihren Partner und Ihre Beziehung zu verstehen, indem sie sich respektvoll miteinander auseinandersetzen – schriftlich.

Und denken Sie daran: Wunder passieren in der Regel woanders. Beziehungsarbeit ist anstrengend – aber auch lohnend. Denn wenn wir sie nicht leisten, ist die Gefahr groß, dass wir mit immer denselben Mustern von Beziehung zu Beziehung taumeln oder frustriert allein bleiben. Das wäre natürlich in Ordnung, so lange Sie sich damit arrangieren können und es Ihnen gut damit geht. Doch dass Sie dieses Buch lesen, zeigt, dass Sie neugierig sind, etwas erfahren, verstehen und vielleicht auch verändern wollen.

Dieses Buch ist aber nicht nur für Paare, sondern für alle, die sich mit dem Thema Beziehung auseinandersetzen und verstehen wollen, wie sie Beziehungen leben, warum Beziehungen in der Vergangenheit vielleicht auseinandergegangen sind und wie man unter Umständen reflektierter in eine neue Beziehung starten könnte.

Ich wünsche Ihnen viel Spaß und gute Schreibenergie!

Ihre Silke Heimes

Einleitung

Eine Beziehung zu führen, ist nicht immer leicht. Keine Beziehung zu führen, ebenfalls nicht. Allein bleiben hat seine Vorteile, in einer Beziehung zu sein, hat seine Vorteile. Und beides hat natürlich seine Nachteile.

Es ist ein bisschen wie mit dem Fernweh und dem Heimweh. Sind wir zu Hause, wünschen wir uns in die Ferne, sind wir in der Ferne, wünschen wir uns nach Hause. Sind wir in einer Beziehung, kann es schnell eng werden und wir wünschen uns auf eine einsame Insel. Sind wir allein, sehnen wir uns nach jemandem, der uns in den Arm nimmt und uns versteht.

Die hohe Kunst der Beziehung

Wir alle haben schon einmal den Satz gehört: »Beziehung ist Arbeit.« Oder: »Für eine gute Beziehung muss man etwas tun.« Dabei möchte man sich doch nur zurücklehnen, ankommen, sich aufgehoben, verstanden und geborgen fühlen.

Nur? Ganz schön hohe Erwartungen. Wünsche, Sehnsüchte und Bedürfnisse, die sich nicht immer verwirklichen lassen. In einer Beziehung seine Individualität, seine Zeithoheit und seinen Raum zu wahren und zugleich Zeit und Raum für den anderen und das Gemeinsame einzuräumen, ist nicht leicht. Bei sich zu bleiben und zugleich auf den anderen einzugehen und ihn anzunehmen, ist wahrlich die hohe Kunst der Beziehung.

Was Hänschen gelernt hat

Zudem sind da noch die alten Beziehungsmuster, die wir mit uns herumschleppen. Da kann es schon mal passieren, dass wir uns ineinander verhaken und dem Partner Dinge überstülpen, die mit ihm nicht viel zu tun haben, und umgekehrt. Und obwohl uns viele dieser Muster nicht bewusst sind, haben sie oft einen starken und lang anhaltenden Einfluss auf unser Leben und verursachen schon mal das eine oder andere Beziehungschaos.

Weder vor noch zurück geht es und am Ende manch eines Streits weiß man nicht mehr genau, um was es am Anfang eigentlich ging und ob der Streit überhaupt lohnt. Der Streitanlass erscheint lächerlich und klein. Zumal man den anderen doch liebt und alles so gut wie möglich machen will. Harmonie möchte man und nicht diese ewigen Streitereien.

Das nimmt man sich jedes Mal vor. Und dann ist alles nur mühsam. Man versteht den anderen nicht und sich selbst noch viel weniger. Und es geht auch immer wieder um die gleichen Dinge – oder täuscht man sich?

Ordnungsdienst bitte!

Kann hier bitte mal jemand Ordnung in das Chaos bringen? Kann mal jemand sagen, um was es geht? Sollen wir zusammenbleiben oder uns trennen? Hat es überhaupt einen Sinn zusammenzubleiben, wenn wir dauernd streiten und scheinbar keinen Schritt weiterkommen? Was wird aus den Kindern, dem gemeinsamen Haus oder dem, was wir uns zusammen aufgebaut haben? Was wird aus unseren Plänen und Träumen?

Gelegentlich gelingt es uns, über die Schwierigkeiten zu sprechen und das Durcheinander an Gefühlen und Gedanken zu entwirren. Aber oftmals sind wir nur erleichtert, wenn die See nach einem Streit wieder ein wenig ruhiger wird, und halten still, um das Boot nicht gleich in die nächste Welle zu treiben.

Zugleich wünschen wir uns, etwas zu verändern, uns gemeinsam in eine Richtung oder voller Respekt auseinander zu entwickeln, wenn das Zusammensein nicht mehr funktioniert. Manchmal wünschen wir uns auch nur, die Dinge besser zu verstehen und einen Umgang damit zu finden. Uns selbst und dem Partner gegenüber toleranter zu sein und eine akzeptierende Haltung zu gewinnen.

Wir möchten erkennen, was uns mit dem Partner zusammengeführt hat, und wissen, ob davon noch etwas vorhanden ist. Ob es möglich ist, zu den Gefühlen zurückzufinden, die am Anfang da waren. Ob es gelingen kann, einen Alltag zu leben und sich zugleich besondere Momente zu bewahren.

Spieglein, Spieglein an der Wand

Wenn wir uns mit unserem Partner und unserer Partnerschaft ausei-nandersetzen, setzen wir uns immer auch mit uns selbst auseinander. Wir versuchen zu verstehen, was unser Anteil an Beziehungsthemen ist, und kommen dabei nicht umhin, über die eigenen Stärken und Schwächen nachzudenken.

Eine solche Auseinandersetzung kostet Mut, Neugier und Zeit. Das alles ist man bereit zu geben, weil einem der andere am Herzen liegt, weil einem das Gelingen der Beziehung wichtig ist. Weil es etwas gibt oder zumindest gab, das es wert ist. Schloss und Schlüs-sel: Etwas hat offensichtlich einmal zusammengepasst.

Sich selbst, den anderen und die Beziehung anzusehen und zu verstehen, kann zu einer Fortsetzung der Beziehung führen, aber ebenso zu einer respektvollen Trennung. Denn selbst wenn man den anderen liebt, heißt das nicht, dass man einen lebbaren Alltag mit ihm gestalten kann. Oder es kann sein, dass man von bestimm-ten Idealen und Vorstellungen Abschied nehmen muss, um neue Grundlagen zu schaffen.

Wasch mich, aber mach mich nicht nass

In der Beschäftigung mit sich, dem Partner und der Partnerschaft geht es darum, zu erkennen, wer man selbst ist, was man sich wünscht und braucht, was man geben kann und bereit ist zu geben, wer der Partner ist, was man für ihn empfindet und was man sich mit ihm vorstellen kann. Es geht darum, zu verstehen, wie man mitein-ander umgeht und ob in der Beziehung Veränderungen gewünscht und inwieweit diese möglich sind.

Denn obgleich man vielleicht mit einem Veränderungswunsch in die Auseinandersetzung gegangen ist, kann sich nach achtsamer Betrachtung unter Umständen herausstellen, dass es gut ist, wie es ist. Wichtig sind Neugier und Ergebnisoffenheit, um sich möglichst vorurteilsfrei in den Prozess zu begeben.

Keine Gebrauchsanweisung

Dieses Buch möchte Ihnen beim Prozess des Erkennens Hilfestellung geben. Sie können es von vorn nach hinten lesen oder als Arbeitsbuch verwenden, je nachdem, ob Sie sich mit Beziehungsthemen im Allgemeinen auseinandersetzen wollen oder aktuelle Themen Sie besonders umtreiben. Manchmal kann es auch hilfreich sein, einzelne Übungen zu verschiedenen Zeitpunkten zu wiederholen.

Ob Sie die Übungen für sich allein oder gemeinsam mit Ihrem Partner durchführen, kann ebenfalls von Situation zu Situation unterschiedlich sein, zumal es manchmal gute Gründe gibt, bestimmte Themen erst einmal für sich selbst zu beleuchten und zu klären, bevor man damit in den Austausch geht.

Was uns prägt

»Du bist deine eigene Grenze. Erhebe dich darüber.«
(Schamsoddin Mohammad Hafis)

Auf keinen Fall wie die Eltern?

Wie wir uns Beziehungen und Partnerschaften vorstellen und leben, hängt unter anderem davon ab, wie unsere Eltern Partnerschaft gelebt haben und was wir an Beziehungsmodellen im Kreis von Verwandten, Freunden und Bekannten kennengelernt haben. Zudem hängt es davon ab, wie sich unsere eigene Beziehung zu unseren Eltern und anderen wichtigen Personen gestaltet hat. Schon Sigmund Freud wies darauf hin, dass die frühe Eltern-Kind-Beziehung ein Prototyp aller späteren Liebesbeziehungen sei.

Vorstellungen und Beziehungsideen

Im Kontakt zur ersten Bezugsperson entwickelt der Mensch Vorstellungen über sich und den anderen sowie die gemeinsame Beziehung. Es entstehen Ideen, wie Beziehung funktioniert, was möglich ist, was man erwarten kann und was man dafür selbst einbringen muss. Außerdem kristallisiert sich heraus, was nicht funktioniert und was schmerzlich oder sinnlos ist.

Mitunter gefällt uns, was wir im Kontakt zur ersten Bezugsperson, meist Vater oder Mutter, erleben, mitunter nicht. Was uns nicht gefällt, wollen wir in jedem Fall anders machen. In diesen Punkten wollen wir nicht so werden wie unsere Mutter oder unser Vater.

In die frühen Vorstellungen von Beziehungen eingeschlossen ist meist auch das Partnerschaftsmuster unserer Eltern, das wir in der Regel lange erlebt haben und zu dem wir in der Anfangszeit nur wenige Vergleichsmöglichkeiten hatten.

Beziehungsmuster ade?

Obwohl man vieles oder einiges anders machen möchte, als man es in der Herkunftsfamilie erlebt hat, werden gerade die in der Familie erfahrenen Beziehungsmuster oft in den eigenen Beziehungen wiederholt oder fortgeführt. Dafür gibt es viele gute Gründe. Einer ist, dass uns Vertrautes Halt und Sicherheit gibt. Nach dem Motto: Besser schlecht als unvertraut.

Oftmals ist uns gar nicht bewusst, dass wir Beziehungsmuster unserer Eltern wiederholen. Es ist wie ein blinder Fleck, eine Prägung auf dem Rücken, die wir selbst nicht sehen. Meist sind es andere, die uns entweder direkt oder indirekt auf bestimmte Muster aufmerksam machen, sie uns widerspiegeln.

Da wir die Beziehung unserer Eltern die meiste Zeit eher unreflektiert erleben, fällt es uns vielleicht schwer, sie differenziert zu betrachten. Aber genau das wäre gut. Denn mit Sicherheit gibt es nur wenige Beziehungen, in denen alles schlecht oder alles gut läuft. Sondern meist besteht eine gewisse Balance zwischen den Dingen, die schwierig sind, und denen, die gut funktionieren.

Vielleicht ist es am Ende auch gar nicht so entscheidend, wie wir die Beziehung unserer Eltern bewerten, sondern dass wir uns bewusst machen, dass sie einen mehr oder weniger großen Einfluss auf uns hat. Vielleicht sollte man sich zugleich bewusst machen, dass man als Erwachsener die Freiheit hat zu wählen, wie man seine Beziehungen leben will.

Damit will ich nicht sagen, dass es leicht ist, alten Beziehungsmustern zu entkommen, aber der erste Schritt ist ein Erkennen der Muster und eine Auseinandersetzung mit diesen Mustern. Dafür kann es hilfreich sein, sich die Beziehungsmuster anzusehen, die in der Kindheit und Jugend einen Einfluss auf uns hatten.

Wie erinnern Sie die Beziehung Ihrer Eltern?

Vielleicht mögen Sie darüber schreiben, wie Sie die Beziehung Ihrer Eltern erlebt haben. Was erinnern Sie, wenn Sie daran denken, wie Ihre Eltern miteinander umgegangen sind? Vermutlich gibt es Dinge, die Ihnen am Umgang Ihrer Eltern gut gefallen, und welche, die Sie gestört haben. Vielleicht gibt es Erfahrungen aus der elterlichen Beziehung, die Sie für Ihre eigene Beziehung übernehmen, und solche, die Sie vermeiden wollen.

Unter Umständen gibt es in Ihrem Verwandten-, Freundes- oder Bekanntenkreis Beziehungen, die für Sie Vorbildcharakter haben könnten. Was hat Ihnen an diesen Modellbeziehungen gefallen oder gefällt

Ihnen noch immer? Vielleicht haben Sie auch Vermutungen, warum eine Beziehung, die für Sie als Vorbild dienen könnte, gut funktioniert.

Schreiben Sie auf, was Ihnen zu diesem Thema einfällt. Verlassen Sie sich dabei darauf, dass Ihnen schon das Passende einfallen wird, und versuchen nicht zu angestrengt, Ordnung in Ihre Gedanken zu bringen.

Schau mir in die Augen, Kleines

Auch was wir in Filmen sehen und in Romanen lesen, prägt unsere Vorstellungen und Einstellungen zur Partnerschaft. Möglicherweise haben wir Bilder im Kopf, die als romantische Sehnsuchtsphantasie dienen oder als Gegenentwurf zu einer möglicherweise weniger perfekten Welt.

Leicht verlieren wir dabei aus dem Blick, dass Filme und Romane Dinge verdichten und zuspitzen, Details ein- und ausblenden, bestimmte Abschnitte und Phasen bewusst darstellen, während anderes weggelassen wird. Wenn wir etwas von diesen Beziehungsmodellen übernehmen wollen, sollten wir uns bewusst machen, dass es mehrere Aspekte und Perspektiven gibt und wir nur selten das Gesamtbild sehen.

Humphrey Bogart oder Cary Grant?

Marilyn Monroe oder Brigitte Bardot? Oder wer immer Ihre Beziehungs- und Sehnsuchtsphantasien angeregt hat oder noch immer anregt. Was mit Sicherheit davon abhängt, wie alt Sie sind und welche Kultfilme Sie gesehen haben.

Ich weiß nicht, wie viele Filme wir in unserem Leben sehen und wie viele Bücher wir lesen, die uns Beziehungsbilder präsentieren, die dann in unseren Köpfen herumgeistern. Mal nehmen sie uns mehr, mal weniger gefangen, mal begleiten sie uns eine längere, mal eine kürzere Zeit unseres Lebens. Selbst wenn wir wissen, dass es nur Film- und Romanbeziehungen sind, haben diese Bilder doch Einfluss auf unsere Beziehungsvorstellungen.

Schreiben Sie, welche Film- und Romanbeziehungen Sie besonders beeinflusst haben. Nehmen Sie entweder die, die Ihnen als Erstes in den Sinn kommen, oder wählen Sie einige, die Sie in Ihrer Jugend beeinflusst haben, und einige, die Sie kürzlich beeindruckt haben. Notieren Sie alles, was Ihnen dazu einfällt.

Wenn Sie mögen, bitten Sie Ihren Partner, die gleiche Übung zu machen, und tauschen Sie die Texte aus oder unterhalten Sie sich darüber.

Wenn Ihnen zu Beginn keine konkreten Beispiele einfallen, vertagen Sie die Schreibidee und tragen Sie sie eine Weile in sich, bis Ihnen etwas einfällt. Oder warten Sie, bis Sie den nächsten Film gesehen beziehungsweise das nächste Buch gelesen haben, das Beziehungs-ideen oder Sehnsüchte in Ihnen wachruft. Vielleicht sind es auch Filme, die Sie zusammen mit Ihrem Partner gesehen haben, oder ein Buch, das Sie gemeinsam gelesen oder sich wechselseitig emp-fohlen haben.

Ist »bürgerlich« ein Schimpfwort?

Auch gesellschaftliche Konzepte von Beziehung und Partnerschaft sowie bestimmte Konventionen, die landes- und kulturabhängig sind, haben Einfluss auf unsere Beziehungsvorstellungen. Ob wir wollen oder nicht, sind wir von ihnen umgeben, werden mit ihnen kon-frontiert und müssen uns auf irgendeine Weise zu ihnen verhalten.

Wir können diese Vorstellungen erfüllen und uns den herrschen-den Ideen unterwerfen oder wir können uns verweigern beziehungs-weise die gesellschaftlichen Vorstellungen ignorieren. Natürlich kön-nen wir auch einen Mittelweg wählen oder uns situativ entscheiden. Alles ist möglich. Aber auch das Ignorieren von etwas bedeutet, eine Haltung dazu einzunehmen.

Besonders schwierig wird es, wenn die gesellschaftlichen Werte und Normen auf einen der beiden Beziehungspartner einen stärke-ren Einfluss haben als auf den anderen. Oder wenn sogar die Fami-lie eines Partners Druck ausübt (denken Sie an Romeo und Julia). Dann wird es schwer, sich eine eigene Position zu erarbeiten, weil diese nicht mehr nur mit der des Partners kompatibel sein muss, sondern mit seinem gesamten Umfeld.

 Was glauben Sie, welche Beziehungsvorstellungen in der Gesellschaft vorherrschen, in der Sie aktuell leben? Haben Sie eine Ahnung, wie sehr diese Konventionen Sie und Ihre Beziehung beeinflussen? Schreiben Sie etwas dazu, wie frei Sie sich fühlen, Ihre eigenen Beziehungs-modelle zu entwickeln, oder wie gefangen Sie sich in den Beziehungs-mustern fühlen, die von der Mehrheit der Sie umgebenden Paare gelebt werden.

Ich vertraue dir, wenn ich kann

Die Entwicklung von Urvertrauen kann als Basis für eine gute Bezie-hung zu sich selbst sowie für die Entwicklung von Selbstwert und Selbstvertrauen verstanden werden. Sie gilt zudem als Vorausset-zung für das Gefühl von Sicherheit in der Kindheit und Jugend und dafür, später in sich selbst das Gefühl von Sicherheit zu entwi-ckeln, ohne dabei von anderen Menschen abhängig zu sein. Fehlt das Urvertrauen, kann es sein, dass man in späteren Beziehungen immer wieder nach dem Gefühl der Sicherheit sucht oder davon abhängig ist.

Sicherheit bei einem Partner zu suchen und zu finden, ist natür-lich nichts Schlechtes, aber eine gleichberechtigte Partnerschaft im Erwachsenenleben unterscheidet sich von der Mutter-Kind-Symbiose, die von einer bedingungslosen Innigkeit und Liebe aus-geht, die das Kind in den frühen Jahren zum Überleben braucht.

Der Wunsch, dass jemand ganz für einen da ist, kann in einer Partnerschaft leicht zum Gefühl der Überforderung für den Part-ner werden, an den diese Ansprüche gestellt werden. Deswegen ist es hilfreich, sich immer wieder vor Augen zu führen, dass jeder für sein Leben selbst verantwortlich ist und ein Partner sich auch um seine eigenen Bedürfnisse kümmern muss.

Wie steht es mit Ihrem Urvertrauen? Sicher haben Sie sich schon einmal Gedanken darüber gemacht, wie viel Urvertrauen Sie am Start Ihres Lebens mitbekommen haben. Manche Menschen haben ein so ausgeprägtes Urvertrauen, dass es sich auch durch schlechte Erfahrungen nicht erschüttern lässt, während das Urvertrauen ande-rer Menschen so fragil ist, dass schon kleine Enttäuschungen reichen, um es zunichte zu machen.

Sie kennen sich mittlerweile gut genug, um zu wissen, ob Sie eher ein vertrauensseliger Mensch sind oder tendenziell misstrauisch.

Was für eine Wirkung hat der Satz »Am Ende wird alles gut« auf Sie? Schreiben Sie einen Text darüber, wie gut Sie vertrauen können. Wählen Sie dafür mehrere konkrete Situationen. Versuchen Sie am Ende, die Frage zu beantworten, welcher Typ Mensch Sie tendenziell sind: der vertrauensselige oder der misstrauische.

Irgendjemand muss doch wissen, wie es geht

Oft im Leben wünschen wir uns einen Mentor. Jemand, der weiß, wo es langgeht und wie das Leben sich am besten leben lässt. Aber wie schrieb Richard David Precht: »Liebe, ein unordentliches Gefühl«. Das ganze Leben ist eine unordentliche Angelegenheit. Seien Sie versichert, dass Ihnen in dieser Hinsicht niemand einen wirklich guten Rat geben kann, weil niemand das erlebt und empfindet, was Sie erleben und empfinden.

Natürlich kann man sich mit anderen Menschen über seine Erfahrungen und Ideen austauschen, aber auch hier sollte man sich stets bewusst sein, dass das, was andere und wir selbst erzählen, individuelle Erfahrungen und Ideen sind, die sich nicht eins zu eins auf das Leben eines anderen Menschen übertragen lassen. Nicht im Allgemeinen und schon gar nicht, wenn es um so etwas Komplexes wie Beziehung geht.

 Vielleicht erscheint es Ihnen hilfreich, einen kleinen Text zu verfassen, der den Titel trägt: »Was ich anderen über das Thema Beziehung gerne mitteilen würde.« Und wenn Sie mögen, bitten Sie Ihren Partner und Ihre Freunde, dasselbe zu machen.

Anders als im Gespräch, werden Sie und die Menschen, die Sie zum Schreiben aufgefordert haben, sich erst Gedanken machen, bevor Sie schreiben. Sie, Ihr Partner und Ihre Freunde werden im Schreiben die gemachten Erfahrungen reflektieren und verdichten, was mit Sicherheit zu einem anderen Ergebnis führt als spontane Äußerungen in einem Gespräch.

Versuchen Sie beim Schreiben keine abstrakten Beziehungsideen zu entwickeln oder in irgendeiner Weise allgemeingültige Aussagen zu treffen. Schreiben Sie so konkret, wahrhaftig und persönlich wie möglich. Und denken Sie daran, dass Sie den Text nicht weitergeben müssen, wenn Sie nach dem Schreiben feststellen, dass Ihnen der Text zu persönlich ist. Dann behalten Sie den Text und Ihre Erfahrungen für sich.

Was heißt hier Liebe?

*»Bedenke, dass die beste Beziehung die ist,
in der jeder Partner den anderen mehr liebt als braucht.«*
(Dalai Lama, Rede zum Beginn des
neuen Jahrtausends am 1.1.2001)

Alles so schön rosa hier

Waren Sie schon mal so richtig verliebt? Eigentlich eine Frechheit diese Frage, nicht wahr? Natürlich waren Sie schon mal verliebt! Und sicher kennen Sie auch dieses wunderbare und zugleich kaum aushaltbare Gefühl, dieses körperlich beinahe schmerzhafte Sehnen nach dem anderen. Das Prickeln in seiner Nähe, das Gefühl, der glücklichste Mensch auf Gottes Erdboden zu sein, wenn die Liebe erwidert wird, oder der unglücklichste, wenn sie nicht erwidert wird oder sich nicht leben lässt.

Egal ob glücklich oder unglücklich verliebt, viele Psychologen gehen davon aus, dass der Zustand der Verliebtheit mit einem eingeengten Bewusstsein einhergeht, was dazu führt, dass Fehler des anderen tendenziell übersehen oder beschönigt werden.

Wissenschaftler vermuten, dass zahlreiche biochemische Mechanismen an den Stimmungsänderungen zu Beginn einer Verliebtheit beteiligt sind. Bei Verliebten scheinen sich die Botenstoffe und Hormone im Gehirn zu verändern. Das hat zur Folge, dass Verliebte sich mitunter verrückt benehmen, was schon Platon zu der Anmerkung verleitete, die Liebe sei eine schwere Geisteskrankheit.

Doch das mitunter merkwürdige Benehmen frisch Verliebter hängt eben mit den Veränderungen der Botenstoffe im Gehirn zusammen. Der Hormoncocktail im Gehirn kann manchmal wie ein Zustand im Drogenrausch anmuten und sich ebenso anfühlen. Und die Zerstreutheit von Verliebten hängt wahrscheinlich damit zusammen, dass der Körper die Stresshormone Adrenalin und Cortisol ausschüttet, was die Konzentration stört. Wir alle kennen die Redeweise, dass jemand, der das Essen versalzt, wohl gerade verliebt sein muss.

Wann war bei Ihnen das letzte Mal?

Erinnern Sie sich, wann Sie das letzte Mal so richtig verliebt waren? Wissen Sie noch, wann das war? Und waren Sie in Ihren aktuellen Partner verliebt? Diese Frage ist durchaus berechtigt, da nicht alle Lieben mit dem Zustand der Verliebtheit anfangen.

Schreiben Sie über Ihre letzte Verliebtheit. Wie war das genau? Wo und wie haben Sie sich kennengelernt? War es gleich da, dieses Gefühl von Schmetterlingen im Bauch, die weichen Knie, das Herzklopfen? Oder hat es sich erst entwickelt? War es wechselseitig oder zeitversetzt oder nur bei einem von Ihnen? Wie war der erste Tag oder Abend und wie ging es weiter? Wie lange hat Ihre Verliebtheit angehalten? Oder vielleicht hält sie ja noch an?

Wenn Sie mögen, können Sie Ihren Partner bitten, einen ähnlichen Text zu schreiben.

Wissen Sie, wie er sich gefühlt hat? Natürlich spricht man darüber, gerade zu Beginn. Aber mal ganz ehrlich, wenn man selbst sehr verliebt ist und der andere etwas weniger, würde er das zugeben? Am Anfang? Würden Sie es zugeben, wenn es umgekehrt wäre, oder würden Sie sich doch lieber ebenfalls sehr verliebt geben, um den anderen nicht zu verletzen und das Anfangsglück nicht zu schmälern? So gesehen könnte es interessant sein, heute einen Text dazu von Ihrem Partner zu erhalten und umgekehrt. Wie lange Ihr Kennenlernen auch immer her sein mag.

So ist das also

Wie schon beschrieben, kann eine heftige Verliebtheit mitunter wie ein Drogenrausch anmuten. Verliebte können beinahe als unzurechnungsfähig gelten und manche Zeichen des Körpers scheinen sogar auf eine Krankheit hinzuweisen, wie etwa ein schneller Herzschlag oder Schweißausbrüche. Und wenn das alles dann noch schlagartig auftritt, kann es einen im wahrsten Sinne des Wortes schon mal umwerfen. Besonders beim ersten Mal, wenn man noch keine Erfahrung damit hat und das, was mit einem passiert, noch nicht einordnen kann.

Nachdem wir uns Ihre letzte Verliebtheit bereits angesehen haben, wollen wir uns nun Ihrer ersten Verliebtheit widmen. Wie war das erste Mal bei Ihnen? Wann waren Sie das erste Mal so richtig verliebt? Woran haben Sie das gemerkt? Und wie haben Sie sich verhalten? Haben Sie Dummheiten begangen? Schmalzige Zeilen geschrieben? Herzen auf Spiegel gemalt? Dinge verlegt und nie wiedergefunden? Sind Sie ohne Schuhe auf die Straße gegangen oder haben Sie sonstige Unkonzentriertheiten an den Tag gelegt?

 Schreiben Sie einen Liebesbrief an den Menschen, in den Sie zum ersten Mal in Ihrem Leben verliebt waren. Es spielt keine Rolle, ob Sie noch Kontakt zu diesem Menschen haben oder nicht einmal mehr wissen, wo er wohnt. Der Brief wird nie abgeschickt werden – außer Sie wollen es. In erster Linie dient der Brief dazu, sich noch einmal in Ihre erste Verliebtheit hineinzuversetzen.

Schrecken Sie nicht davor zurück, schnulzig zu werden oder klischeehaft. Sie wissen: Verliebte sind nahezu unzurechnungsfähig, was Ihnen alle Freiheiten der Welt verschafft, insbesondere in einem Brief, der nicht einmal dazu gedacht ist, abgeschickt zu werden.

Verliebt, verlobt, verheiratet

Was ist aus Ihrer ersten großen Liebe geworden? Unter Umständen sind Sie ja mit Ihrer großen Liebe noch immer zusammen? Dann gehören Sie zu den wenigen Glücklichen. Oder vielleicht auch Unglücklichen? Vielleicht ist Ihre erste Verliebtheit auch noch nicht lange her und Sie sind deswegen noch mit Ihrem Partner zusammen. Oder es hat besonders gut funktioniert oder …

 Schreiben Sie einen Text, wie Ihre erste große Liebe verlaufen ist. Ob Sie über das Stadium der Verliebtheit hinausgekommen sind oder sich getrennt haben, nachdem der erste Taumel nachgelassen hat.

Das ist nämlich durchaus keine Seltenheit. Nach der ersten intensiven Verliebtheit, in der man diese rosa Brille trägt, offenbaren sich viele Dinge, die uns am Partner unter Umständen nicht gefallen, und wir werden aufmerksam für Unterschiede und Ungleichgewichte. Zudem geht es nach der ersten Verliebtheit darum, einen Alltag zu leben, was nicht immer leicht ist.

Wie also verlief die erste Verliebtheit für Sie? Nehmen Sie sich Zeit, um den Verlauf zu beschreiben. Denn häufig zeigt uns der Verlauf unserer ersten Verliebtheit, wie spätere ähnliche Ereignisse verlaufen werden. Schließen Sie diesen Text ab, bevor Sie die nächsten Übungen beginnen.

Schreiben Sie nun einen Text, wie nachfolgende Verliebtheiten verlaufen sind. Je nachdem, wie viele es waren, können Sie über alle schreiben oder sich exemplarisch einige auswählen. Wichtig und interessant wäre, über die letzte Verliebtheit samt Verlauf zu schreiben und sich dann den Verlauf der ersten und der letzten Verliebtheit anzusehen.

Wenn Sie mögen und viel Schreibenergie haben, können Sie zu dem, was Ihnen beim Betrachten der ersten und der vorerst letzten Verliebtheit auffällt, ebenfalls einen Text schreiben. Oder sehen Sie sich die Gemeinsamkeiten oder Unterschiede an und ziehen Sie gedanklich Ihre Schlüsse.

Je älter, umso weiser?

Ich weiß nicht, ob das auch für die Verliebtheit gilt, möchte es aber eher bezweifeln. Manchmal habe ich sogar den Eindruck, man wird eher törichter, je älter man wird, jedenfalls wenn es um das Thema Verliebtheit geht. Vielleicht, weil man sich seltener verliebt und jede Verliebtheit zugleich die letzte sein könnte. Vielleicht, weil man erstaunt ist, dass man sich trotz aller Erfahrungen und möglichen Enttäuschungen trotzdem noch verlieben kann.

Zudem spüren die meisten Menschen, je älter sie werden, wie kurz die noch verbleibende Lebenszeit wird und wie kostbar sie ist. Man möchte sich vielleicht noch einmal verlieben, entweder in einen neuen Partner oder in denselben Partner auf neue Weise.

Schreiben Sie einen Text darüber, was Verliebtheit aktuell in Ihrem Leben für eine Rolle spielt. Was für Pläne, Wünsche und Träume haben Sie, wenn Sie das Thema Verliebtheit hören? Und wenn Sie mögen, bitten Sie Ihren Partner, dasselbe zu tun, und tauschen Sie sich über das Schreiben und Ihre dabei entstandenen Gefühle und Gedanken aus.

Seien Sie dabei sehr achtsam, denn beim Schreiben kann es auch zu Überraschungen kommen. Tauschen Sie Texte, Gedanken und Gefühle nur aus, wenn Sie das wirklich wollen, ansonsten behalten Sie die Erfahrungen für sich.

Phase zwei der Verliebtheit

Das Gefühl der Verliebtheit ist schön und außerordentlich, kann aber leider nicht ewig anhalten. Und mal ganz ehrlich: Das wäre auch mehr oder weniger anstrengend. Zudem ist es ja auch schön und hilfreich, wieder klar denken und sich auf andere Dinge konzentrieren zu können.

Wie bereits angedeutet, kann es sein, dass die Beziehung mit der Phase der Verliebtheit endet oder in die zweite Phase übergeht, in der sich die Hormone wieder beruhigen und die rosa Brille durch Klarsichtgläser ersetzt wird. Dann zeigt sich, ob die Beziehung Bestand hat und andere Gefühle als das Gefühl der Verliebtheit in den Vordergrund treten. Gefühle, die eine dauerhafte Beziehung ermöglichen.

Für den Psychologen Gottman, der von drei Phasen der Verliebtheit ausgeht, beginnt in der zweiten Phase einer Beziehung der Vertrauensaufbau. Man beginnt eine Beziehung im Alltag aufzubauen und sieht die ersten roten Fahnen, die man in der Verliebtheit übersehen hat. Es geht um ganz existenzielle Fragen: Bist du für mich da? Bist du treu? Teilst du deine Gefühle mit mir? Sprichst du mit mir, wenn ich traurig bin? Wirst du nicht ärgerlich auf meine verschiedenen Stimmungen reagieren?

Die dritte Phase dient dann dem Aufbau von Loyalität und einer tieferen Bindung. Sowohl für die zweite als auch für die dritte Phase ist eine Vertrauensgrundlage unabdingbar. Jetzt spielen Gefühle wie Geborgenheit und Sicherheit eine Rolle. Hinzu kommen Vertrauen und Vertrautheit. Es bilden sich Gewohnheiten und Rituale, Halt gebende Dinge werden erschaffen, die sowohl den Alltag als auch die Beziehung strukturieren.

Phase zwei: Klarsichtgläser

Die zweite Phase einer Beziehung zeichnet sich also dadurch aus, dass die intensive Verliebtheit abnimmt und man in gemäßigte Gefühlsgewässer einfährt. Zugleich geht die Phase damit einher, dass wir Dinge entdecken, die uns zuvor nicht aufgefallen sind. Dies kann sowohl den Partner und seine Eigenschaften oder Gewohnheiten betreffen als auch uns selbst, wenn wir vielleicht Beziehungs- und

Verhaltensmuster an den Tag legen, die in der Phase der Verliebtheit im Hintergrund standen.

Was fällt Ihnen an Ihrem Partner auf, das sie zuvor nicht bemerkt haben? Haben Sie das Gefühl, dass er sich im Vergleich zur Anfangszeit verändert hat? Gibt es etwas, das Ihnen Schwierigkeiten bereitet? Was hat sich zum Positiven verändert?

Es kann auch sein, dass Sie und Ihr Partner voneinander gelernt haben und bereits in der Phase der Verliebtheit miteinander gewachsen sind. Können Sie mit Ihrem Partner über mögliche Schwierigkeiten reden? Vielleicht möchten Sie Ihren Partner auch bitten, ebenfalls einen Text dazu zu schreiben, so dass Sie die Texte austauschen oder darüber reden können.

Schreiben Sie dann einen zweiten Text, in dem Sie schreibend darüber nachdenken, was Sie seit Beginn Ihrer Beziehung verloren und was dazugewonnen haben. Denn in der Regel geht immer etwas verloren und etwas anderes kommt hinzu. Das liegt in der Natur von Veränderungen.

Vielleicht haben Sie beispielsweise keine Schmetterlinge mehr im Bauch, fühlen sich dafür aber geborgener als am Anfang. Oder Sie wissen bestimmte Verhaltensweisen, die Sie zu Beginn verunsichert haben, besser einzuschätzen, so dass Sie gelassener damit umgehen können. Unter Umständen gibt es auch Dinge, die Sie zu Beginn der Beziehung einigermaßen charmant fanden und die Sie nun auf die Palme bringen?

Gibt es Dinge, die konstant geblieben sind? Von Anfang an gut und noch immer? Oder umgekehrt? Nehmen Sie sich Zeit für den Text. Legen ihn vielleicht ein paar Tage beiseite und ergänzen immer wieder, was Ihnen im Lauf der Zeit einfällt. Wenn Sie mögen, tauschen Sie sich auch über diesen Text und Prozess mit Ihrem Partner aus.

Liebe, ein abstraktes Ding?

Woran erkennen Sie, dass Ihr Partner Sie liebt? Wie zeigen Sie Ihrem Partner, dass Sie ihn lieben? Schreiben Sie zu beiden Fragen einen kleinen Text auf separaten Blättern und mit einer kurzen Pause zwischen dem Schreiben.

Danach nehmen Sie ein weiteres Blatt und schreiben, welche Zeichen der Liebe Sie sich von Ihrem Partner wünschen. Versuchen Sie, so konkret wie möglich zu sein und klare Botschaften zu formulieren.

Nun müssten Sie eigentlich hier zu lesen aufhören und erst die drei zuvor beschriebenen Übungen machen, bevor Sie weiterlesen, weil der nächste Satz Ihr Schreiben beeinflussen könnte. Ich weiß aber, dass meist die Neugier siegt und man dennoch weiterliest. Also gut:

Es geht darum, dass Sie die zwei Blätter miteinander vergleichen, auf denen Sie zum einen beschrieben haben, wie Sie Ihre Liebe zum Ausdruck bringen, und zum anderen, welche Zeichen der Liebe Sie sich von Ihrem Partner wünschen. Fällt Ihnen beim Lesen etwas auf? Ist dies wert, aufgeschrieben zu werden, so dass Sie weiter darüber nachdenken können? Dann notieren Sie es. Oder verbuchen Sie es unter Erfahrung, ohne weiter darüber zu schreiben.

Ich brauche Geborgenheit

Wir alle suchen unser Leben lang nach einem Ort, einem Menschen oder einer Vorstellung von etwas, das uns das Gefühl gibt, angekommen zu sein. In einer Welt der Globalisierung und Mobilität scheint es fast konservativ einzugestehen, dass man sich beispielsweise mit einem bestimmten Ort oder einer Region verbunden fühlt und so etwas wie heimatliche Gefühle entwickelt. Dennoch haben Untersuchungen gezeigt, dass siebzig Prozent der Deutschen mit dem Gefühl der Heimat einen festen Ort verbinden.

Zugleich ist das Gefühl von Geborgenheit im Erwachsenenalter eine höchst individuelle Frage. Manche Menschen finden Rückhalt in der Familie oder in Beziehungen, andere finden Geborgenheit im Glauben, wieder andere brauchen finanzielle Sicherheit, um sich geborgen zu fühlen, und einige Menschen sind emotional so stabil, dass sie sich in sich selbst geborgen fühlen und sonst wenig brauchen, wie etwa buddhistische Mönche, die weder Frau noch Familie haben, oft nur Reis essen und sich dennoch geborgen und sicher fühlen.

Was gibt Ihnen das Gefühl von Geborgenheit?

Ist das Gefühl von Geborgenheit für Sie etwas, das von anderen Menschen ausgeht beziehungsweise abhängt, oder schaffen Sie es, sich selbst das Gefühl von Geborgenheit zu geben? Unter Umständen gibt es auch Phasen, in denen Sie das Gefühl von Geborgenheit selbst herstellen können, und andere Zeiten, in denen Sie jemanden benötigen, der Ihnen Geborgenheit vermittelt. Schreiben Sie so differenziert und konkret wie möglich über diese Thema.

Wenn Sie mögen, können Sie dazu auch ein Listengedicht verfassen. Das könnte beispielsweise so aussehen, dass Sie jeden Satz mit:»Ich fühle mich geborgen, wenn ...« beginnen und immer einen Gedanken oder ein Gefühl dazu als Nebensatz formulieren. Starten Sie jeden neuen Gedanken wieder mit dem gleichen Halbsatz und fahren Sie so lange fort, bis Ihnen nichts mehr einfällt. Im Anschluss können Sie sich Ihr Listengedicht ansehen und schreiben, was Ihnen dazu in den Sinn kommt.

Wissen Sie eigentlich, was Ihrem Partner ein Gefühl von Geborgenheit vermittelt? Haben Sie schon einmal mit ihm darüber geredet? Hat er Ihnen gegenüber zum Ausdruck gebracht, was er braucht, um sich geborgen zu fühlen? Vielleicht machen Sie ihm den Vorschlag, die Übungen ebenfalls durchzuführen.

Es kann auch hilfreich sein, die Übung von Zeit zu Zeit zu wiederholen. Wenn sich unsere Bedürfnisse ändern, unser inneres Gefühl von Sicherheit, ändern sich vielleicht auch unsere Ideen zum Thema Geborgenheit. Denn das Gefühl von Geborgenheit ist auch in den unterschiedlichen Lebensphasen an andere Kontexte und Umgebungsbedingungen gebunden.

Dann beschreiben Sie bitte ganz konkret, was Ihnen ein Gefühl von Geborgenheit vermittelt. Denken Sie daran, dass es sich dabei um ganz alltägliche und kleine Dinge handeln kann. Wenn es Ihnen hilfreich erscheint, beobachten Sie sich selbst die nächsten Tage und Wochen, um herauszufinden, in welchen Situationen Sie Geborgenheit empfinden, und schreiben Sie den Text kontinuierlich fort.

Geborgenheit am Anfang des Lebens

Kinder sind existenziell auf das Gefühl von Geborgenheit angewiesen, damit sie sich gesund entwickeln und Vertrauen aufbauen können. Oft ist es die fehlende Geborgenheit am Beginn des Lebens, die zu schwierigen Lebensanfängen und -fortsetzungen führt. In der Kindheit Körperwärme und Zuwendung von den nächsten Bezugspersonen zu erfahren, ist wichtig, um als Erwachsener emotionale Wärme sowohl annehmen als auch geben zu können.

Wie wichtig das Gefühl der Geborgenheit zu Beginn des Lebens ist, zeigt sich in einem ethisch umstrittenen Experiment, in dem ein amerikanischer Verhaltensforscher junge Rhesusaffen allein in einen Käfig setzte und ihnen die Wahl zwischen zwei Mutterattrappen ließ. Eine bestand aus Draht und bot Futter, die andere war aus Stoff, bot aber keine Nahrung. Die Affenbabys rannten hektisch zur Drahtmutter, um ihren Hunger zu stillen und dann zur Stoffmutter, um sich Schutz suchend an sie zu drücken. Immer wurde nur kurz der größte Hunger gestillt, dann wurde auf der Suche nach Geborgenheit wieder die Stoffmutter aufgesucht.

Eine andere Untersuchung ergab, dass Rattenbabys, die von ihren Müttern häufiger geleckt werden, stressresistenter sind. Das Lecken aktiviert ein Gen, das bestimmte Rezeptoren ausprägt, die das Stresssystem dämpfen.

Zudem weiß man, dass Frühgeborene von einem engen Hautkontakt zur Mutter profitieren. Deswegen empfiehlt man den Müttern Frühgeborener die sogenannte Känguru-Methode, bei der die Mutter das Kind Haut an Haut auf die Brust legt, so dass das Baby den mütterlichen Herzschlag spürt und die Haut der Mutter riecht. Das reduziert Infekte und führt zu einer schnelleren Zunahme des Geburtsgewichts.

Neugeborene und Kinder sind in besonderer Weise auf Schutz und Fürsorge angewiesen, um zu überleben und sich optimal zu entwickeln. Die Offenheit des sich entwickelnden menschlichen Gehirns für strukturierende Einflüsse aus der äußeren Welt hat allerdings auch zur Folge, dass es Einflüssen ausgesetzt ist, die seine Struktur und Organisation bedrohen.

Haben Sie sich als Kind geborgen gefühlt?

Vielleicht möchten Sie sich selbst einmal befragen, wie es Ihnen in Ihrer Kindheit ging. Hatten Sie damals das Gefühl von Geborgenheit? Falls ja, von wem und wie wurde das hergestellt? Falls nein, gab es etwas, das diesen Mangel ausgleichen konnte? Womöglich gab es neben Ihren Eltern andere wichtige Bezugspersonen, die Ihnen ein ähnliches Gefühl vermitteln konnten?

Wenn Sie merken, dass Ihnen das Schreiben zu diesen Fragen Mühe bereitet, halten Sie inne und nehmen das Denken und Schreiben zu einem späteren Zeitpunkt wieder auf. Achten Sie gut auf sich, wenn Sie sich dem Thema der Geborgenheit in Ihrer Kindheit annehmen, weil das sehr aufwühlend sein kann.

Geborgenheit: Liebe und Vertrauen

Geborgenheit gilt aber nicht nur als ein wichtiges Gefühl am Start des Lebens und in der Kindheit, sondern meint zugleich das Vertrauen, das wir ins Leben haben. Das Gefühl der Geborgenheit ist sehr komplex und umfasst neben einem Gefühl der Sicherheit ein Gefühl von Vertrauen, Akzeptanz und Liebe.

Von der nötigen Körperwärme in der Kindheit zum Aufbau des Gefühls von Geborgenheit war schon die Rede, aber auch ein warmes Getränk oder eine Berührung können Geborgenheit vermitteln. Darüber sind wir sogar subtil manipulierbar. Es hat sich beispielsweise gezeigt, dass ein Käufer einem Autohändler eher vertraut, wenn dieser ihn im Verkaufsgespräch am Arm berührt. Und eine Kellnerin, die beim Überreichen der Rechnung Hautkontakt herstellt, bekommt in der Regel ein höheres Trinkgeld.

Geborgenheit in der Beziehung

In der Partnerschaft spielt Geborgenheit eine ganz besondere Rolle. Sich bei einem anderen Menschen geborgen zu fühlen, bedeutet, das Vertrauen zu haben, dass man gehalten wird, dass jemand einen begleitet und einem zur Seite steht. Geborgenheit ist ein wichtiger Bestandteil des Wir-Gefühls in einer Partnerschaft.

Das Gefühl von Vertrauen und Geborgenheit entsteht unter anderem bei Berührung, aber auch, wenn Dinge sich wiederholen, weil das Verlässlichkeit und Sicherheit schafft. Es entsteht durch gemeinsame Erfahrungen und die Gewissheit, dass die Beziehung tragfähig ist.

Bindungen, die Sicherheit bieten, stellen eine entscheidende Voraussetzung für die Ausbildung lernfähiger, plastischer Gehirne dar. Es hat sich erwiesen, dass der Verlust einer Sicherheit bietenden Bezugsperson eine der bedrohlichsten und massivsten Störungen darstellt, die ein in Entwicklung befindliches Gehirn treffen kann. Bei Ratten führt ein Mangel an sicheren Beziehungen zu einem notgereiften, nicht vollständig entwickelten Gehirn.

Beziehung – ganz sicher

Bei dem Bedürfnis nach Sicherheit in Beziehungen geht es darum, in seiner körperlichen und emotionalen Verletzlichkeit sicher aufgehoben zu sein und die Beziehung als einen Ort zu erfahren, wo wir sein können, wer wir sind, und uns zeigen können, wie wir sind, ohne Angst haben zu müssen, den Respekt oder die Zuneigung unseres Partners zu verlieren.

Haben Sie das Gefühl, sich auf Ihren Partner verlassen zu können? Schreiben Sie einen Text über eine Situation, in der Sie sich auf Ihren Partner verlassen konnten, und einen Text über eine Situation, in der Sie sich im Stich gelassen gefühlt haben.

Schreiben Sie beide Texte direkt hintereinander. Erst dann lesen Sie sowohl den ersten als auch den zweiten Text und notieren, was Ihnen dazu durch Kopf und Bauch geht.

Wenn Sie mögen, bitten Sie Ihren Partner, dieselbe Übung zu machen, und geben sich die Texte wechselseitig zu lesen oder tauschen sich in einem Gespräch sowohl über Ihre Texte aus als auch darüber, was das Schreiben in Ihnen ausgelöst hat. Vielleicht schaffen Sie es, sich gemeinsam mit Ihrem Partner diesem so wichtigen Thema stückchenweise und achtsam zu nähern.

Vertrauen: ein weites Feld

Das Thema Vertrauen ist in der Tat ein weites Feld. Dies spiegelt sich beispielsweise in der Forschung wider, in der sich einzelne Forschungsbereiche gezielt mit bestimmten Aspekten von Vertrauen beschäftigen.

So steht im Fokus der Entwicklungspsychologen zum Beispiel das Urvertrauen, das der Mensch in der frühesten Kindheit entwickelt, während Sozialpsychologen das Vertrauen in Beziehungen und Beziehungsgeflechten untersuchen. Soziologen wiederum konzentrieren sich auf das Vertrauen der Menschen im Allgemeinen und in die Verlässlichkeit gesellschaftlicher Institutionen. Philosophen haben vor allem die moralische Komponente im Blick und Wirtschaftswissenschaftler setzen sich mit dem Vertrauen als Verhaltensentscheidung auseinander.

Allen Perspektiven gemeinsam sind die positiven Erwartungen, die mit dem Begriff des Vertrauens verbunden sind. Vertrauen ist positiv besetzt, während ein Mangel an Vertrauen negativ besetzt ist. Wobei es eine breite Palette von Gefühlen zwischen Vertrauen und Misstrauen gibt.

Ungewissheit macht Angst

Ein Forschungsprojekt am Max-Planck-Institut kommt zu dem Ergebnis, dass Vertrauen durch die Aufhebung von Ungewissheit entsteht. Als Grundlage für Vertrauen gelten Vernunft und Erfahrungen. Ob ein Mensch vertraut, hängt somit von Erfahrungen und vernünftigen Abwägungen ab, wie etwa den eigenen Interessen und der Frage, ob das Gegenüber integer und kompetent erscheint.

Dies ist eine zugegebenermaßen nüchterne Perspektive auf das Thema. Aber vieles, was mit Vertrauen zusammenhängt, läuft eben gerade nicht über den Verstand, sondern über unser Gefühl. Meist entscheiden wir gefühlsmäßig, ob wir jemanden mögen und er uns zuverlässig und damit vertrauenswürdig erscheint. Außerdem entscheiden wir aufgrund dessen, was wir über den anderen wissen oder mit ihm bereits erlebt haben.

Ohne Vertrauen kämen wir nicht einmal über die Straße

Es gibt aber noch eine andere Art des Vertrauens, ohne das unser Leben kaum zu bewältigen wäre. Vertrauen ist nämlich auch etwas, das wir in vielen Lebenslagen routinemäßig verschenken, ohne darüber nachzudenken.

Denken wir beispielsweise an den Straßenverkehr. Wir vertrauen in der Regel darauf, dass andere Verkehrsteilnehmer sich ebenso an die Verkehrsregeln halten wie wir selbst und an einer roten Ampel stehen bleiben.

Würden wir dieses routinemäßige Vertrauen nicht besitzen, wären wir kaum in der Lage, am Straßenverkehr teilzunehmen, weil wir auch an grünen Ampeln halten müssten, da wir nicht darauf vertrauen würden, dass der andere nicht doch über eine rote Ampel fährt.

In dem Beispiel wird zugleich deutlich, dass Vertrauen auch auf Erfahrungen beruht. Und Erfahrungen gelten zunächst einmal für das Land und die Gegend, in der wir aufgewachsen sind. Das merken wir zum Beispiel, wenn wir im Ausland ein Taxi nehmen und uns fragen, ob der Fahrer auch wirklich den kürzesten Weg wählt und den Fahrpreis am Ende nicht nach Lust und Laune bestimmt.

Die ersten Erfahrungen damit, ob wir Menschen vertrauen können oder nicht, machen wir als Kinder. In der Kindheit erfahren wir, ob Menschen für uns da sind, wenn wir sie brauchen, ob sie uns lieben und unsere Rechte anerkennen, ob sie ehrlich sind und man ihren Worten trauen kann.

Vertrauen befähigt uns, trotz der eigenen Verletzlichkeit und einer bestimmten Ungewissheit auf andere Menschen zuzugehen. Durch Vertrauen bringen wir eine positive Grundhaltung zum Ausdruck, die uns handlungs- und beziehungsfähig macht. Ohne Vertrauen könnten wir uns nur schwer oder gar nicht auf andere Menschen und innige Beziehungen einlassen.

Wenn uns etwas vertraut ist, haben wir Vertrauen

Der Soziologe Niklas Luhmann hat Vertrauen innerhalb von Systemen theoretisch untersucht und unterscheidet zwischen Vertrauen und Vertrautheit. Vertrauen, so Luhmann, reduziert die Komplexität der Umwelt auf ein handhabbares Maß und stellt eine Art Vorleistung dar, die Interaktion überhaupt erst ermöglicht.

Vertrauen ist in diesem Verständnis auf die Zukunft gerichtet. Es ist gewissermaßen eine Bestimmung der Zukunft aufgrund von Informationen aus der Vergangenheit. In diesem Sinn würde Vertrautheit bedeuten, dass etwas Bewährtes sich wiederholen und in der Zukunft fortsetzen wird, was es uns wiederum ermöglicht, Vertrauen zu entwickeln.

Vertrauen in der Partnerschaft

Vertrauen ist aber nichts, was es in einer Beziehung mal eben gratis gibt. Um sich Vertrauen in einer Beziehung zu verdienen, muss man bereit sein, sich emotional auf den anderen einzulassen, ihm zuzuhören und zu versuchen, seine Gefühle und Gedanken nachzuvollziehen. Vertrauen setzt voraus, dass wir den anderen sowohl emotional als auch real nicht allein lassen, wenn es um schwierige Gefühle und Situationen geht.

Umgekehrt wird es ohne Vertrauen schwierig, etwas von seinem Inneren zu enthüllen, aus Angst vor Verletzlichkeit und Enttäuschung. Somit stehen Selbstenthüllung und Vertrauen in einem positiven Wechselspiel und sind die Basis für Freundschaften und intime Beziehungen.

Wie steht es mit Ihrer Fähigkeit zu vertrauen?

Wie gut können Sie im Allgemeinen vertrauen? Sind Sie eher jemand, der weitgehend vorbehaltlos auf andere zugeht, oder warten Sie erst einmal ab und prüfen die Situation und Ihr Gegenüber? Wenn Sie mögen, beschreiben Sie verschiedene konkrete Situationen, an die Sie sich erinnern. Vielleicht auch solche, in denen Sie sich unterschiedlich oder widersprüchlich verhalten haben.

Als Nächstes schreiben Sie bitte einen Text über Vertrauen in Ihrer Partnerschaft. Vertrauen Sie Ihrem Partner? Hat sich bezüglich des Vertrauens im Lauf der Zeit in Ihrer Partnerschaft etwas verändert? Wenn ja, beschreiben Sie, was genau sich verändert hat und ob Sie Zeitpunkte bestimmen können, an denen diese Veränderungen stattgefunden haben. Wenn nein, versuchen Sie zu beschreiben, warum das Gefühl des Vertrauens gleich geblieben ist.

Alle Alarmglocken schrillen, oder nicht?

Sie sehen Ihren Partner mit einem fremden Mann beziehungsweise einer fremden Frau in einem Restaurant in einem scheinbar vertrauten Gespräch. Ihr Partner hat Ihnen nichts von diesem Treffen erzählt. Was denken und empfinden Sie? Was glauben Sie, wer der andere ist und warum die beiden so vertraut wirken?

Schreiben Sie in dem Text auch etwas darüber, wie Sie sich verhalten werden. Ob Sie Ihren Partner darauf ansprechen oder es auf sich beruhen lassen. Ob Sie weiter darüber nachgrübeln oder das Gesehene vergessen können.

Und auch zu der nächsten Übung empfiehlt es sich, einen kleinen Text zu schreiben. Haben Sie schon einmal das Handy oder den Computer Ihres Partners kontrolliert oder seine Sachen durchsucht? Wenn ja, wie ging es Ihnen dabei und wie geht es Ihnen heute damit? Wenn nein, hatten Sie jemals den Impuls?

Denken Sie daran, dass Sie diesen Text zunächst nur für sich schreiben. Zudem geht es an dieser Stelle nicht um moralische Fragen oder Bewertungen, sondern einzig um ein Reflektieren, wie wir uns in Beziehungen in bestimmten Situationen verhalten.

Und nun die letzte Schreibübung in diesem Block: Stellen Sie sich vor, Ihr Lebenspartner leert den Inhalt seiner Taschen vor Ihnen aus. Was käme da zum Vorschein? Und was würde das über Ihren Lebenspartner verraten? Was verraten Ihre eigenen Taschen über Sie?

Immer die blaue Kaffeetasse

Welche Rituale haben Sie als Paar? Welche davon mögen Sie? Und welche machen Sie eher Ihrem Partner zuliebe mit? Entsteht durch diese Rituale das Gefühl von Geborgenheit oder Sicherheit? Gibt es Rituale und Gewohnheiten, die Sie als einengend erleben? Können Sie den Unterschied beschreiben zwischen den Ritualen, die Sie einengen, und denen, die Ihnen Sicherheit vermitteln?

Vielleicht mögen Sie einmal darüber nachdenken, was passieren würde, wenn bestimmte Gewohnheiten, die Sie als Paar haben, wegfallen würden. Würde Sie das verunsichern oder erleichtern? Schreiben Sie auch hier so konkret und differenziert wie möglich.

Die Greencard

Vielleicht sagt Ihnen der Begriff »Greencard« etwas. Die Einwanderungsbehörde in den USA stellt das Dokument auf Antrag Personen aus, die noch keine Staatsbürger der USA sind, sich jedoch mit einer Einwanderungsabsicht in den USA niedergelassen haben. Eine Möglichkeit, eine solche Greencard zu bekommen, ist die Heirat mit einem US-Bürger.

Da viel Missbrauch mit der Karte betrieben wurde, prüfen die Behörden, ob Menschen tatsächlich ein Paar sind oder es nur zu sein vorgeben, um die Karte zu bekommen. Deswegen stellen sie den beiden Partnern jeweils Fragen zu den Gewohnheiten des anderen, um herauszufinden, wie gut sie sich kennen.

Stellen Sie sich vor, die Behörden sind bei Ihnen und Sie müssen über die Gewohnheiten Ihres Partners reden beziehungsweise schreiben. Notieren Sie alles, was Ihnen in den Sinn kommt. Je mehr Sie aufschreiben, umso weniger werden die Behörden nachfragen. Bei Ihnen geht es zwar wahrscheinlich nicht um die Greencard, aber immerhin um Ihre Beziehung.

Liebe ist …

Kennen Sie sie noch oder haben Sie sie überhaupt jemals gekannt? Diese Aufkleber, auf denen stand: »Liebe ist …« und dann folgte irgendein Halbsatz. Später gab es dazu auch Postkarten, bedruckte Tassen, T-Shirts und was man sich noch alles denken kann. Zu sehen ist der Cartoon eines Liebespaares in Schwarzweiß und der Text. Manchmal haben Text und Abbildung auch eine scherzhafte Komponente.

So steht auf einer der Karten beispielsweise: »Liebe ist … seine Träume zu teilen.« Über dem Kopf des Mannes ist eine Gedankenblase, in der ein Rennwagen abgebildet ist und über dem Kopf der Frau tanzt eine Primaballerina in der Gedankenblase.

Der Legende nach zeichnete Kim Casali den ersten »Liebe ist«-Cartoon für ihre damals große Liebe, die sie später heiratete. Der spätere Ehemann Roberto schickte den Cartoon heimlich zur »Los Angeles Times«, wo die Zeichnung 1970 zum Valentinstag abgedruckt wurde.

Seitdem gehen die mittlerweile kultigen, wenn auch mitunter ein wenig kitschig anmutenden Cartoons um die Welt. Sie wurden in fünfundzwanzig Sprachen übersetzt und immer wieder kopiert. Sie sind auf Postkarten zu finden und allem, was sich bedrucken lässt. Auch im Web lassen sie sich über einschlägige Suchmaschinen finden.

Stellen Sie sich vor, Sie müssten zehn Cartoons erfinden. Dabei sind Sie nur für den Text verantwortlich, das Zeichnen übernimmt jemand anderes, außer Sie sind so talentiert, es selbst zu machen. Wie würde der Text für die zehn von Ihnen erstellten Cartoons lauten? »Liebe ist ...«

Heute schon getwittert?

Vermutlich muss ich Ihnen nichts zum Thema »twittern« erzählen. Und doch eine kurze Erklärung: Mit dem Nachrichtendienst »Twitter« kann man Botschaften versenden, die eine Länge von 140 Zeichen haben. Das kann verdammt wenig sein. Man muss seine Worte sehr genau wählen und den Kern seiner Botschaft genau kennen, um mit diesen wenigen Zeichen aussagekräftig zu sein.

 Stellen Sie sich vor, Sie befinden sich in einer Lage, in der Sie nicht wissen, ob Sie Ihren Partner noch einmal wiedersehen (was man natürlich niemandem wünscht und wir hier nur der Form halber in der Phantasie einmal durchspielen). Sie haben 140 Zeichen, ihm eine letzte Mitteilung zu senden. Was schreiben Sie?

Nehmen Sie sich Zeit. Sie können die Nachricht so lange umformulieren, bis sie Ihnen stimmig vorkommt. Wenn es gar nicht anders geht, dürfen Sie auch zweimal twittern. Aber dann bitte in beiden Mitteilungen nicht mehr als 140 Zeichen verwenden und jede Mitteilung mit einer eigenen Kernbotschaft versehen.

Post von mir

Vielleicht kommt es Ihnen zu Beginn ein wenig unsinnig vor, Ihrem Partner einen Brief zu schreiben. Besonders dann, wenn Sie in derselben Wohnung oder in einem gemeinsamen Haus leben. Das Beste kommt aber noch: Am Ende sollen Sie eine Marke auf den Brief kleben und ihn auf dem Postweg an Ihre eigene Adresse zu Händen Ihres Partners senden.

Das wäre doch mal eine schöne Überraschung. Wie würden Sie sich fühlen, einen Brief von Ihrem Partner zu bekommen? Er hat sich die Mühe gemacht, Ihnen zu schreiben. Er hat Briefpapier ausgesucht, einen Umschlag aufgetrieben, eine Marke besorgt und den Brief zum Briefkasten gebracht. Das alles scheint doch davon zu zeugen, dass Sie ihm diesen Liebesaufwand wert sind. Zudem liegt mal etwas anderes im Briefkasten als nur Rechnungen und wer weiß, vielleicht erhalten Sie bald ebenfalls einen Brief auf diese Weise.

Schreiben Sie Ihrem Beziehungspartner also einen Brief, der unter dem Motto steht: »Was ich an dir mag.« Denn das, was wir nicht mögen, merken wir im Alltag oft genug an. Aber das, was unsere Beziehung ermöglicht, ist das, was wir an unserem Partner mögen und schätzen.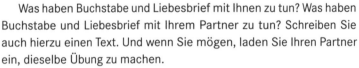

Das machen wir uns selbst allerdings zu selten bewusst und sagen es unserem Partner in der Regel auch nicht oft genug. Und es schwarz auf weiß zu sehen, hat noch einmal eine ganz besondere Qualität, die zugleich eine große Wertschätzung zum Ausdruck bringt.

Vom Abstrakten zum Konkreten

Welches ist Ihr Lieblingsbuchstabe? Schreiben Sie einen Liebesbrief an diesen Buchstaben und lesen Sie den nächsten Abschnitt erst nach dem Schreiben, sofern Sie Ihre Neugier zügeln können.

Was haben Buchstabe und Liebesbrief mit Ihnen zu tun? Was haben Buchstabe und Liebesbrief mit Ihrem Partner zu tun? Schreiben Sie auch hierzu einen Text. Und wenn Sie mögen, laden Sie Ihren Partner ein, dieselbe Übung zu machen.

Wie wir lieben wollen

»Ohne Achtung gibt es keine wahre Liebe.«
(Immanuel Kant)

Ich bin dir treu!?

Mehr als neunzig Prozent der Menschen wünschen sich Treue von ihrem Partner, aber die Hälfte der Menschen, die in einer Partnerschaft leben, ist schon einmal fremdgegangen. Dies zeigt eine große Kluft zwischen Wunsch und Wirklichkeit. Und dennoch scheint das Treueideal alle Zeitgeister zu überleben und bei der Hälfte der Menschen in Beziehungen immerhin stärker zu sein als der Reiz des Neuen und Unbekannten.

Unter Treue wird dabei nicht unbedingt die lebenslange Treue verstanden, wie man sie sich etwa in der Kirche schwört, in dem Sinn von »bis dass der Tod euch scheidet«, sondern eine Treue gegenüber dem jeweils aktuellen Partner, also gewissermaßen eine temporäre Monogamie. Wenn der nächste Partner folgt, schwören wir wieder Treue, so dass wir auch von einer seriellen Monogamie sprechen könnten.

Interessant erscheint dabei, dass sich die Generation um die dreißig Jahre noch stärker zu dem Wunsch nach Treue bekennt als die Generation um die sechzig Jahre. Allerdings ist bei ihnen die Kluft zwischen Wunsch und Verhalten größer als in der Gruppe der Älteren. Und Jüngere wechseln schneller die Partner, was angesichts der Orientierungsphase in jüngeren Jahren allerdings auch nachvollziehbar erscheint.

Dennoch sind die meisten Jugendlichen eher konservativ eingestellt, wenn es um Treue in der Partnerschaft geht, und sind empfindlicher, wenn es um Treuebruch geht.

Was steckt hinter dem Wunsch nach Treue?

Der Wunsch nach Treue hängt sicher auch mit dem Wunsch nach Exklusivität zusammen. Wir möchten einzigartig sein, im Leben wie in der Partnerschaft. Und wenn unser Partner fremdgeht, zerstört er dieses Gefühl der Einzigartigkeit. Wir kommen uns dann austauschbar vor. In der Partnerschaft soll es ausschließlich um uns gehen und nicht um weitere potenzielle Partner.

Aber bei dem Wunsch nach Treue geht es nicht nur um den Wunsch nach Einzigartigkeit, sondern zugleich um den Wunsch nach Verlässlichkeit und Stabilität. In einer immer komplexeren Welt sehnen wir uns nach Struktur, Ordnung und Beständigkeit, die wir in unserer Beziehung zu finden hoffen.

Nur mal eben fremd geknutscht?

Bei vielen Jugendlichen beginnt Untreue schon beim Fremdknutschen. Einige Menschen gehen sogar noch weiter und sagen, dass Untreue bereits im Kopf beginnt. Wieder andere sind der Meinung, dass man sich die Speisekarte ruhig ansehen darf, aber zu Hause essen sollte. Und wieder andere finden Fremdgehen völlig in Ordnung, so lange ihnen dadurch kein Nachteil entsteht.

Wenn es darum geht, ob Menschen wissen wollen, ob ihr Partner fremdgeht, gibt es ebenfalls unterschiedliche Auffassungen. Einige leben nach dem Motto: »Was ich nicht weiß, macht mich nicht heiß« und sagen ihrem Partner, dass er machen kann, was er will, so lange er ihnen nichts davon erzählt. Das andere Extrem sind Menschen, die ihren Partner ständig kontrollieren, hinter allem einen Seitensprung vermuten und unbedingt Bescheid wissen wollen.

Wie verhält es sich bei Ihnen? Würden Sie wissen wollen, wenn Ihr Partner fremdgeht? Vielleicht haben Sie auch bereits Erfahrungen und können darüber schreiben. Unter Umständen haben Sie von einem Seitensprung erfahren und hinterher gedacht, dass Sie es lieber nicht gewusst hätten? Oder Sie waren froh, davon erfahren zu haben? Schreiben Sie einen Text an Ihren Partner zu diesem Thema. Der Text beginnt: »Wenn du schon fremdgehen musst …«

Nun stellen Sie sich eine Situation vor, in der Ihr bester Freund, Ihre beste Freundin lange vor Ihnen gewusst hat, dass Ihr Partner fremdgeht, es Ihnen aber nicht gesagt hat. Wofür es natürlich viele gute Gründe geben kann. Schreiben Sie einen fiktiven Dialog zwischen sich und Ihrem Freund, beziehungsweise Ihrer Freundin, in dem das Thema zur Sprache kommt.

Sind wir für die Treue überhaupt gemacht?

Angesichts biologischer Erkenntnisse und unserer Evolutionsge-
schichte ist es verwunderlich, dass die Hälfte aller Paare es überhaupt
schafft, monogam zu leben. Werfen wir einen Blick ins Tierreich: Nur
drei Prozent aller Säugetiere gehen eine Paarbeziehungen ein, wirklich monogam lebt kaum eines davon. Selbst die romantisch verklär-
ten Schwäne wurden mittels Vaterschaftstest der Untreue überführt.

Evolutionsbiologisch gesehen ist die Sache ohnehin klar: Je mehr
Nachwuchs wir haben, umso höher die Chance, dass sich unsere
Gene verbreiten. Und sobald der Nachwuchs aufgezogen ist, sehen
sich Mann und Frau nach anderen Partnern um. Denn dann besteht
die Möglichkeit, die eigenen Gene noch einmal in anderer Kombination weiterzugeben.

Menschen, die besonders häufig fremdgehen

Fremdgehen ist aber auch eine Frage der Persönlichkeit. Menschen
mit gutem Selbstwertgefühl gehen seltener fremd als Menschen mit
geringem Selbstwertgefühl, mit narzisstischen beziehungsweise
neurotischen Persönlichkeitszügen oder einer depressiven Veran-
lagung. Letztere könnten sich Bestätigung und Anerkennung durch
wechselnde Partner holen, weil ihnen die Anerkennung eines Partners auf Dauer nicht reicht.

Natürlich hängt das Risiko fürs Fremdgehen nicht nur von der
Persönlichkeit ab, sondern auch von äußeren Faktoren. Ein gemeinsames Umfeld und gemeinsame Investitionen senken beispielsweise
das Risiko der Untreue. Aber auch Schwierigkeiten im Beruf oder
andere externe Probleme senken das Untreue-Risiko, weil dann die
Beziehung als sicherer Ort erlebt wird und die Bemühungen größer
sind, sie aufrechtzuerhalten.

Was glauben Sie, wie hoch ist Ihr Untreue-Risiko? Oder vielleicht
wissen Sie es bereits? Man muss ja nicht unbedingt fremdgegangen
sein, um zu merken, ob man anfällig dafür ist oder nicht.

 Schreiben Sie einen schonungslosen Text über Ihren eigenen Untreue-
Faktor. Dieser Text ist nur für Sie bestimmt. Sie können also schreiben,
was Sie wollen. Und wenn Sie sicher gehen wollen, dass niemand
anderes den Text liest, verbrennen Sie das Papier nach dem Schreiben.

Gelegenheit macht Liebe

Ob wir fremdgehen oder nicht, hängt auch davon ab, ob wir die Gelegenheit dazu bekommen, es sich gewissermaßen zufällig ergibt. Und da wir in einer Zeit leben, in der wir sehr mobil sind und viele neue Menschen in kurzer Zeit treffen, gibt es zahlreiche Gelegenheiten, auf andere potenzielle Partner aufmerksam zu werden und sich für sie zu interessieren.

Auch das Internet bietet reichlich Gelegenheit für Untreue. Immer abhängig davon, was wir unter Treue verstehen. Wenn es bereits das verbale Flirten beinhaltet, ist das Internet der wohl größte Umschlagplatz fürs Fremdgehen. Aber auch reale Treffen mit anderen Personen lassen sich über das Internet und bestimmte Foren leicht arrangieren.

Wo fängt bei Ihnen Treue an und wo hört sie auf? Schreiben Sie so detailliert wie möglich und bitten Sie Ihren Partner, dasselbe zu tun. Dann tauschen Sie die Texte untereinander aus und unterhalten sich über das Geschriebene und was die Durchführung der Übung in Ihnen ausgelöst hat.

Wenn Sie mögen, kann jeder für sich nach dem Gespräch noch einen Text schreiben, wie es ihm im Gespräch ergangen ist. Vielleicht mögen Sie die Übung auch von Zeit zu Zeit oder in besonderen Situationen wiederholen.

Begegnung auf Augenhöhe

Achtung und Respekt sind Grundlagen jeden menschlichen Miteinanders. Wir alle sollten einander voller Achtung begegnen und uns mit Respekt behandeln. Und obwohl Achtung und Respekt die Grundpfeiler jeglicher Beziehung und Freundschaft sind, kommt ihnen in einer Partnerschaft noch einmal eine besondere Bedeutung zu. Ohne Achtung und Respekt ist weder eine zufriedenstellende noch eine dauerhafte Partnerschaft vorstellbar.

Wir können einander nicht lieben und uns nahe sein, wenn wir uns nicht achten und respektieren und entsprechend behandeln. Die Krux ist allerdings, dass es gerade in Partnerschaften nicht immer leicht ist, Achtung und Respekt in achtsamer Weise aufrechtzuerhalten und sich wechselseitig zu gewähren. In einer Partnerschaft reagieren wir viel emotionaler als in anderen Beziehungen, fühlen uns leichter verletzt, richten mitunter überzogene Erwartungen an unseren Partner und werden ärgerlich, wenn wir uns in unseren Erwartungen enttäuscht glauben.

Die Begriffe »Achtung« und »Respekt« sind natürlich nicht trennscharf. Das eine geht nicht ohne das andere. Wenn ich jemanden achte, respektiere ich ihn zugleich. Und doch lohnt es sich, über diese beiden Begriffe und mögliche Unterschiede nachzudenken. Wobei anzumerken ist, dass es verschiedene Definitionen gibt, die sowohl sozial als auch kulturell geprägt sind.

Der Begriff der Achtung in der Ethik

In der Ethik versteht man unter Achtung die Anerkennung der unverletzlichen Würde einer Person. Es handelt sich dabei um ein Gefühl der Wert- und Hochschätzung für eine andere Person. Wichtig erscheint, dass sich der Begriff der Achtung auf Personen per se bezieht und nicht auf deren Leistungen. Achtung ist also leistungsunabhängig.

In dem Begriff »Respekt« ist ebenfalls eine Wertschätzung enthalten. Vielleicht könnte man auch sagen, dass Achtung eine Grundhaltung ist, eine Haltung, die man anderen gegenüber einnimmt und mit der man auf Handlungen anderer reagiert, während Respekt vielleicht eher in den eigenen Handlungen zum Ausdruck kommt. Man behandelt jemanden respektvoll. Und wenn beide einander respektvoll behandeln, kommt es zu einer respektvollen Begegnung und Kommunikation sowie zu einem respektvollen Umgang miteinander.

Man begegnet einander mit Achtung und behandelt einander mit Respekt. Aber das ist nur ein Gedankengang zu den beiden Begriffen und ich bin mir sicher, dass Ihnen zahlreiche weitere Aspekte einfallen.

Was verstehen Sie unter Achtung und Respekt?

Weil Achtung und Respekt eine zentrale Rolle in jeder Partnerschaft spielen oder spielen sollten, möchte ich Sie bitten, dass Sie mit Ihrem Partner zusammen ein paar Übungen machen, um sich dem Thema anzunähern und auszuloten, was die Begriffe für Sie bedeuten und welche Rolle Achtung und Respekt in Ihrer Partnerschaft spielen.

Die Übungen sollen dabei helfen, zu erkennen, welchen Einfluss Achtung und Respekt auf Ihre Partnerschaft haben und durch was und auf welche Weise gelebte Achtung und gelebter Respekt in Ihrer Beziehung zum Ausdruck kommen. Woran kann man erkennen, dass Sie einander mit Achtung und Respekt begegnen?

Dann möchte ich Sie bitten, sich gemeinsam mit Ihrem Partner mit den Begriffen »Achtung« und »Respekt« auseinanderzusetzen. Vielleicht wollen Sie beide für diese Übung die Methode des Brainstormings verwenden. Sie könnte Ihnen helfen, die zunächst abstrakten Begriffe mit Leben zu füllen, gewissermaßen ein wenig Fleisch auf die Wortknochen zu bringen.

Dafür könnten Sie folgendermaßen vorgehen: Nehmen Sie ein großes Blatt Papier und einigen Sie sich darauf, wer schreibt. Notieren Sie in der Mitte des Blattes das Wort »Achtung« und ziehen Sie einen Kreis darum. Jetzt notieren Sie um das Wort herum alle Begriffe beziehungsweise Halbsätze oder Sätze, die Ihnen und Ihrem Partner zu dem Wort einfallen.

Arbeiten Sie dabei so spontan wie möglich und ohne zu werten oder eine Vorauswahl zu treffen. Sie können auch Verbindungslinien mit Pfeilen zwischen den Worten und Sätzen ziehen, wenn Sie Beziehungen zwischen den Gedanken verdeutlichen wollen.

Wenn Sie damit fertig sind, nehmen Sie ein zweites Blatt und führen das Gleiche mit dem Begriff »Respekt« durch. Vielleicht schreibt jetzt der andere? Beschäftigen Sie sich in der Pause bitte nicht mit dem ersten Blatt. Es ist besser, erst beide Blätter zu füllen, bevor Sie sich diese eingehender ansehen und damit weiterarbeiten.

Kümmern Sie sich auch nicht darum, dass Worte und Sätze womöglich doppelt auftauchen. Notieren Sie einfach, was Ihnen spontan einfällt. Die Auseinandersetzung damit erfolgt im nächsten Schritt. Auch Wort- und Satzwiederholungen sind wichtig und haben eine Bedeutung. Eine zu frühe Zensur würde Sie nur in Ihrem Prozess hemmen.

Wenn Sie und Ihr Partner beide Blätter fertig haben, sehen Sie sich diese in Ruhe an und führen ein Gespräch darüber oder schreiben Sie alternativ einen Text dazu. Wichtig ist in jedem Fall der lebendige Austausch über die beiden Begriffe, ob dieser schriftlich oder mündlich erfolgt, ist bei dieser Übung egal.

Wann fühlen Sie sich geachtet und respektiert?

Beginnen Sie damit, zu notieren, ob Sie sich in Ihrer Partnerschaft geachtet und respektiert fühlen, und beschreiben Sie, woran Sie das festmachen.

Erst wenn Sie sich dafür ausreichend Zeit genommen haben, schreiben Sie über das, was Ihnen unter Umständen fehlt, wann und wo Sie einen Mangel verspüren und in welchen Situationen Sie sich von Ihrem Partner nicht ausreichend geachtet und respektiert fühlen.

Schreiben Sie zunächst nur für sich, das macht Sie freier beim Schreiben, weil Sie keine Sorge haben müssen, den anderen möglicherweise zu verletzen. Lassen Sie sich auf den Schreibfluss ein, denken nicht lange nach, sondern schreiben Sie so spontan wie möglich.

Wenn Ihnen das schwerfällt, insbesondere bezüglich der Situationen, in denen Sie sich mehr Achtung und Respekt wünschen, können Sie von sich auch in der dritten Person schreiben. Betrachten Sie sich gewissermaßen von außen und schreiben, ob die Person, über die Sie schreiben, sich in ihrer Beziehung geachtet und respektiert fühlt.

Egal aus welcher Perspektive Sie schreiben, versuchen Sie immer konkrete Situationen zu benennen, in denen Sie sich von Ihrem Partner geachtet und respektiert gefühlt haben oder eben nicht. Das macht das Schreiben leichter. Und wenn Sie sich später mit Ihrem Partner über das Geschriebene austauschen wollen, hat er zudem Anhaltspunkte, um Sie besser zu verstehen und etwas zu verändern, falls Sie beide das wünschen.

Missachtung und Respektlosigkeit

Da das Thema wichtig ist und die andere Seite der Medaille im Extremfall mit Missachtung und Respektlosigkeit einhergeht, empfiehlt es sich, die nächsten zwei Übungen zunächst allein durchzuführen und sich klar zu werden, wie es in der Beziehung steht oder besser gesagt, wie Sie den Stand der Dinge einschätzen. Setzen Sie sich erst allein und in Ruhe mit dem Geschriebenen, Ihren Gedanken und Gefühlen auseinander, bevor Sie damit in den Austausch mit Ihrem Partner gehen.

Wenn Sie nach der eigenen Auseinandersetzung mit den Übungen und Ihren Texten das Gefühl haben, Ihren Partner einbeziehen zu wollen, so bitten Sie ihn, die gleiche Übung durchzuführen, und geben ihm ebenfalls ausreichend Zeit, sich mit dem Geschriebenen auseinanderzusetzen, bevor Sie sich darüber austauschen.

Seien Sie achtsam, wenn es darum geht, ob Sie die Texte austauschen wollen. Vielleicht ist es bei den nächsten beiden Übungen auch besser, sich nur im Gespräch zu verständigen. Entscheiden Sie, was für Sie und Ihren Partner am konstruktivsten erscheint.

Und wenn Sie beide am Ende der nächsten zwei Übungen zu der Erkenntnis und Übereinkunft kommen, in Zukunft in bestimmten Punkten noch achtungsvoller und respektvoller miteinander umgehen zu wollen, legen Sie schon jetzt einen Zeitpunkt fest, zu dem Sie diese Übung wiederholen wollen.

Perspektivwechsel

In dieser Übung versuchen Sie es bitte mal mit einer anderen Perspektive. Sie bleiben zwar noch bei der Selbstbeobachtung, aber dieses Mal in Bezug auf Ihr eigenes Verhalten Ihrem Partner gegenüber. In welchen Situationen verspüren Sie besonders viel Achtung und Respekt vor Ihrem Partner und was zeichnet diese Situationen aus? Wie geht es Ihnen in diesen Situationen?

Beschreiben Sie auch in dieser Übung die Situationen so konkret wie möglich. Vielleicht wählen Sie auch Situationen aus unterschiedlichen Zeitabschnitten Ihrer Beziehung. Das bietet Ihnen zugleich die Möglichkeit, zu sehen, ob sich im Verlauf der Zeit etwas verändert hat. Wenn Ihnen keine länger zurückliegenden Ereignisse einfallen, fragen Sie sich einfach allgemein, ob Sie das Gefühl haben, dass Sie sich in punkto Achtung und Respekt heute anders verhalten als zu Beginn Ihrer Partnerschaft.

Nachdem Sie die Situationen beschrieben haben, in denen Sie besonderen Respekt vor Ihrem Partner verspüren, notieren Sie in dieser zweiten Übung bitte Situationen, in denen Sie den Respekt und die Achtung vor Ihrem Partner verlieren – sofern es diese gibt. Was genau beobachten Sie in diesen Situationen? Was denken und fühlen Sie? Wie wirkt sich das auf Ihr Verhalten aus und wie reagiert Ihr Partner in diesen Situationen? Handelt es sich immer um ähnliche Situationen und gibt es bestimmte Auslöser oder Momente, in denen Ihr Empfinden kippt?

Hart, aber fair

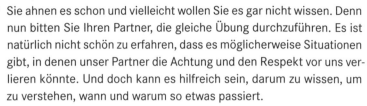 Sie ahnen es schon und vielleicht wollen Sie es gar nicht wissen. Denn nun bitten Sie Ihren Partner, die gleiche Übung durchzuführen. Es ist natürlich nicht schön zu erfahren, dass es möglicherweise Situationen gibt, in denen unser Partner die Achtung und den Respekt vor uns verlieren könnte. Und doch kann es hilfreich sein, darum zu wissen, um zu verstehen, wann und warum so etwas passiert.

Und seien Sie versichert, so edel und gut wir alle sein mögen, es gibt immer wieder Situationen, in denen wir uns alles andere als ideal verhalten. Manchmal sind es auch nur unsere Gedanken und Gefühle, die nicht besonders respektvoll oder achtungsvoll sind, und nach außen versuchen wir, dies zu verbergen. Wir sind alle keine Heiligen. Deswegen müssen Sie kein schlechtes Gefühl haben, wenn Sie bei sich oder Ihrem Partner Momente entdecken, in denen mehr Achtung und Respekt wünschenswert wären.

Und denken Sie daran: Wenn Sie Ihren Partner bitten, die Übung zu machen, besitzt natürlich auch er die Freiheit, das Geschriebene für sich zu behalten. Fragen Sie sich vorher, ob das für Sie gut auszuhalten ist oder ob Sie dann vielleicht unangenehme Phantasien hätten. Unter Umständen sprechen Sie auch darüber mit Ihrem Partner, bevor er die Übung macht.

Achtsam, achtsam

Wenn wir respektvoll und wertschätzend miteinander umgehen wollen, sollten wir uns zugleich darin üben, achtsam zu sein. Denn nur, wenn wir achtsam sind, sowohl für das, was bei uns gerade ist, als auch für das, was bei unserem Partner ist, können wir in der Kommunikation wirklich zueinander finden, das Gehörte aufnehmen, es in uns wirken lassen und Bezug darauf nehmen.

Damit ist sowohl die verbale als auch die körperliche Kommunikation gemeint. Wie geht es mir? Wie geht es dem anderen? Was sind die wechselseitigen Bedürfnisse? Hat es eine Kränkung gegeben? Kann ich gerade für den anderen da sein, habe ich die Kraft? Braucht der andere mich überhaupt? Wo sind in der konkreten Situation meine eigenen Grenzen und die Grenzen meines Partners?

Das alles kann ich nur erfahren, wenn ich sensibel für mich und mein Gegenüber bin, was wiederum nur gelingt, wenn meine Aufmerksamkeit sowohl bei mir als auch bei meinem Partner ist.

Wie sehr ich dich schätze

Der Psychologe Gottman empfiehlt, die positivsten Seiten seines Partners wertzuschätzen, seine guten Eigenschaften zu betonen und die negativen zu vernachlässigen. Mit anderen Worten: Wir sollen dankbar sein für das, was wir haben. Dies versteht er als Geheimrezept, um an wechselseitiger Loyalität sowie einer lebenslangen Leidenschaft und Romanze zu arbeiten.

Ganz so einfach erscheint es mir allerdings nicht und die negativen Seiten an einem Partner oder in einer Partnerschaft zu vernachlässigen, kann auf lange Sicht auch problematisch werden. Mein Geheimtipp wäre eher, sich auszutauschen sowohl über das, was gut läuft, als auch über das, was sich optimieren lässt. Ebenso wichtig finde ich, seinem Partner mitzuteilen, was man mag, aber auch, was man nicht mag und was einen stört. Nicht so sehr im Sinn von Kritik, sondern mehr im Sinn einer Mitteilung, eines Austausches darüber, wie es uns miteinander geht. Solche Äußerungen müssen nicht zwangsläufig als Appell verstanden werden und eine Veränderung nach sich ziehen, sondern in erster Linie geht es darum, einander besser zu verstehen, um Offenheit und Vertrauen und einen lebendigen Austausch.

Ich weiß nicht, wie es Ihnen geht, aber manchmal kann es schon hilfreich sein, bestimmte Dinge anzusprechen, auch Sachen, die man womöglich nicht ändern kann. Allein der Akt des Aussprechens oder Aufschreibens kann einen erleichtern. Unterdrückte und aufgestaute Gefühle erscheinen mir in keiner Hinsicht eine gute Idee und in Beziehungen schon gar nicht.

Es sollte dabei immer um Ausgewogenheit gehen. Die positiven Eigenschaften zu vernachlässigen und die negativen zu betonen, ist so wenig hilfreich wie die Vernachlässigung der negativen Eigenschaften. Konzentrieren wir uns zu sehr auf das, was uns stört oder was wir nicht haben, kommt es zum negativen Vergleich des Partners mit anderen, realen oder vorgestellten Personen, was schrittweise zum Verlust der Wertschätzung für den anderen und für die gemeinsame Geschichte führen kann.

Was ich dir schon immer mal sagen wollte

Schreiben Sie einen Text über etwas, das Sie Ihrem Partner schon immer einmal sagen wollten. Konzentrieren Sie sich dabei auf eine Sache zu einer Zeit. Stellen Sie sich beispielsweise eine wöchentliche Kolumne in einer Zeitschrift vor. Jede Woche wird ein anderes Thema behandelt.

Vielleicht machen Sie im ersten Schritt eine Liste mit den Dingen, die Sie gern ansprechen würden. Oder Sie gehen spontan und intuitiv vor und wählen das erste Thema, das Ihnen in den Sinn kommt. Denken Sie daran, dass Sie für die anderen Themen die nächsten Wochen zur Verfügung haben. Stellen Sie sich vor, Sie haben die Kolumne in der Zeitschrift gewissermaßen für die nächsten Monate zugesprochen bekommen.

Sie können den Text als Prosatext oder als Brief mit direkter Anrede verfassen. Vielleicht experimentieren Sie auch mit dem Stil. Als Prosatext ist es unter Umständen leichter, auch schwierige Themen anzusprechen, weil Ihr Partner durch den Stil ein wenig mehr Distanz bekommt, als wenn Sie ihn direkt adressieren. Hilfreich kann es auch sein, sich tatsächlich am Schreibstil einer Kolumne zu orientieren, in der ja meist ein etwas leichterer Ton angeschlagen wird, auch oder gerade bei gewichtigen Themen.

Wenn Sie mit den Texten beginnen, empfiehlt es sich, zunächst mit etwas anzufangen, was positiv ist. Wir selbst wissen, dass wir kritische Anmerkungen besser annehmen können, wenn wir merken, dass uns stets ein freundliches, wohlwollendes Auge anblickt, während das andere uns eben etwas kritischer betrachtet.

Starten Sie einfach einen Versuch und teilen Sie Ihrem Partner vielleicht mit, dass es sich um einen Versuch handelt und er eingeladen, aber nicht gezwungen ist, ebenfalls Kolumnen zu verfassen. Dabei empfiehlt es sich, nicht mehr als eine Kolumne pro Woche an den Partner zu geben, weil sonst schnell eine Überforderung eintreten könnte.

Wie Sie wissen, macht die Dosis das Gift, und es braucht Zeit, sich gedanklich und emotional mit den Texten und Themen auseinanderzusetzen. Input, der zu viel ist oder zu schnell hintereinander kommt, vermindert die Wahrscheinlichkeit einer intensiven Auseinandersetzung mit dem Inhalt.

Wie zeigen Sie Ihrem Partner Ihre Wertschätzung?

Stellen Sie sich vor, Sie haben keinerlei Geld zur Verfügung. Sie möchten Ihrem Partner aber zeigen, wie sehr Sie ihn schätzen. Es geht dabei weder um seinen Geburtstag noch um Ihren Hochzeitstag oder Ähnliches, sondern es handelt sich um ein Zeichen Ihrer Wertschätzung, das sich allerdings von der Wertschätzung unterscheidet, die Sie Ihrem Partner im Alltag gegenüber zum Ausdruck bringen.

Schreiben Sie möglichst konkret, welche besondere Wertschätzung Sie Ihrem Partner entgegenbringen möchten und wie Sie dies machen wollen. Stellen Sie sich die Situation vor und phantasieren Sie zugleich, wie Ihr Partner darauf reagieren könnte. Vielleicht möchten Sie Ihrem Partner auch den entstandenen Text als Zeichen Ihrer Wertschätzung überreichen. Das entscheiden wie immer Sie – am Ende des Schreibens.

Keine Denkverbote

Wertschätzung kann sich zu besonderen Anlässen oder im Alltag zeigen, sie kann in Gestik und Mimik, durch kleine Zeichen und Symbole zum Ausdruck kommen oder in Worte gefasst werden. Letzteres ist gar nicht so leicht, ohne dass es klischeehaft oder altmodisch klingt. Sie werden kaum zu Ihrem Partner sagen: »Ich schätze dich wert.«

Vielleicht finden Sie eigene Worte, die Ihre Wertschätzung zum Ausdruck bringen. Notieren Sie diese so spontan wie möglich und ohne Denkverbot.

Dabei es geht in dieser Übung nicht darum, Ihrem Partner mitzuteilen, warum oder für was Sie ihn wertschätzen, sondern um Worte, die Sie für diese Wertschätzung finden. Vielleicht haben sich bei Ihnen als Paar auch bereits bestimmte Redewendungen eingebürgert, die Ihre wechselseitige Wertschätzung zum Ausdruck bringen. Fertigen Sie eine Liste wertschätzender Worte, Sätze und Redewendungen an, für deren Fertigstellung Sie sich gern länger Zeit nehmen können.

Wenn Sie die Liste fertig haben, erproben Sie die Worte und Sätze, die Sie gefunden haben, doch mal an Ihrem Partner und beobachten, wie er darauf reagiert. Versuchen Sie, es nicht wie einen Test wirken zu lassen, sondern möglichst natürlich. An den Reaktionen Ihres Partners werden Sie schnell merken, welche Ausdrücke Sie von der Liste streichen können und welche ihren Sinn erfüllen.

Anerkennung: ein lebenslanges Thema

Haben Sie sich schon einmal gefragt, welche Art der Anerkennung Sie sich von Ihrem Partner wünschen? Und ob Ihr Partner wirklich die richtige Adresse für diese Art von Anerkennung ist?

Denn wir alle dürften in gewissen Bereichen ein Defizit in punkto Anerkennung haben. Anerkennung, die uns in der Vergangenheit versagt wurde, von den Eltern, in der Schule, in früheren Beziehungen und in vielen anderen kleinen und großen Situationen.

Mitunter laufen wir ein Leben lang der Anerkennung hinterher, die uns wichtige Personen zu irgendeinem Zeitpunkt unseres Lebens verweigert haben oder nicht geben konnten. Doch der Mangel an Anerkennung, den wir beispielsweise durch die Eltern erfahren haben, lässt sich nicht durch andere Menschen nachholen oder wiedergutmachen. Egal, wie viel Anerkennung uns andere Menschen zukommen lassen, wenn uns wichtige Bezugspersonen zu einem frühen Zeitpunkt die Anerkennung verweigert haben, wird dort in der Regel eine Leerstelle bleiben.

Wenn wir dies erkennen, können wir zum einen vielleicht darüber trauern und uns zum anderen auf die Anerkennung konzentrieren, die wir als Erwachsene in und außerhalb unserer Partnerschaft bekommen können.

Sind wir uns des Mangels hingegen nicht bewusst, kann es passieren, dass wir die Anerkennung, die wir bekommen, nicht wahrnehmen oder dass sie auf unfruchtbaren Boden fällt, weil wir uns nach einer Anerkennung sehnen, die wir nicht bekommen können. Das kann zur Folge haben, dass wir gewissermaßen unersättlich sind, wenn es um Anerkennung geht, was wiederum unser Umfeld und unseren Partner überfordern kann.

Das hab ich gemalt!

Natürlich steht auch immer die Frage im Raum, ob wir uns selbst anerkennen können. Meiner Erfahrung nach sind die meisten Menschen wahre Meister darin, sich selbst abzuwerten und klein zu machen. Geht es allerdings darum, sich auf die Schulter zu klopfen und anzuerkennen, dass uns etwas gut gelungen ist, haben wir oft Mühe damit und denken schnell an den Ausspruch, dass Eigenlob stinkt.

Aber was ist schlecht daran, sich selbst zu loben, wenn uns etwas gut gelungen ist oder wir uns fair verhalten haben? Einen Freund würden wir dafür doch auch loben und anerkennen. Warum fällt uns das uns selbst gegenüber so schwer?

Immer wenn ich über dieses Thema nachdenke oder schreibe, habe ich kleine Kinder vor Augen, die etwas völlig Unkenntliches auf ein Blatt Papier gemalt haben und stolz zu ihren Eltern rennen, um ihnen das selbstgemalte Bild zu zeigen. Und wenn es gut läuft, loben die Eltern das Kind, unabhängig davon, ob das Bild »gelungen« ist oder nicht. Denn das ist nicht entscheidend. Entscheidend ist vielmehr, das Kind in seinem Handeln zu bestätigen und seinen eigenen Stolz angemessen zu beantworten.

In diesem Beispiel wird zudem deutlich, dass es nicht immer auf den Erfolg ankommt und wir uns auch schon dafür Anerkennung zollen dürfen, dass wir etwas versucht haben oder eine schwierige Situation in Angriff genommen oder ausgehalten haben.

Wie war das damals?

Können Sie sich an Situationen aus Ihrer Kindheit oder Jugend erinnern, in denen Sie Anerkennung bekommen haben? Welche Situationen waren das und wer hat Ihnen die Anerkennung zukommen lassen? Wie hat sich das für Sie angefühlt?

Denken Sie bei der Beschreibung ruhig auch daran, wo und auf welche Weise Sie diese Anerkennung im Körper gespürt haben, vielleicht als Wärme oder Prickeln. Notieren Sie alle Situationen, die Ihnen einfallen. Das können auch ganz kurze Augenblicke gewesen sein.

Erst wenn Sie alle Situationen notiert haben, in denen Sie Anerkennung bekommen haben, fangen Sie an, darüber nachzudenken, in welchen Situationen Ihnen Anerkennung verweigert wurde. Das muss gar nicht bewusst oder aus böser Absicht geschehen sein, sondern meist handelt es sich einfach um Nachlässigkeit, Stress oder fehlendes Einfühlungsvermögen. Dennoch haben solche Erfahrungen eine nachhaltige Wirkung auf uns.

Nachdem Sie alle Situationen notiert haben, in denen Sie einen Mangel an Anerkennung empfunden haben, sehen Sie sich diese an und stellen sich die folgenden zwei Fragen: Haben diese Situationen etwas gemeinsam? Kommen bestimmte Menschen in diesen Situationen häufiger vor und was bedeutet das für Sie? Und natürlich können Sie sich zusätzlich alle weiteren Fragen stellen, die Sie für interessant halten.

Denken Sie daran, dass es bei diesen Überlegungen nicht um Schuldzuweisungen geht, sondern nur darum, herauszufinden, ob es Situationen in Ihrem Leben gab, in denen Sie sich vielleicht nicht ausreichend oder gar nicht gesehen und wertgeschätzt gefühlt haben.

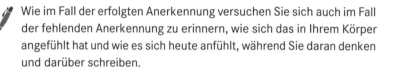

Wie im Fall der erfolgten Anerkennung versuchen Sie sich auch im Fall der fehlenden Anerkennung zu erinnern, wie sich das in Ihrem Körper angefühlt hat und wie es sich heute anfühlt, während Sie daran denken und darüber schreiben.

Wie ist das heute?

Sie haben nun vier Schreibaufgaben vor sich. In der ersten überlegen Sie sich, wo Sie aktuell Anerkennung erfahren. Vielleicht hilft es Ihnen in diesem Zusammenhang einmal die letzten Wochen gedanklich Revue passieren zu lassen und sich an Momente zu erinnern, in denen Sie Anerkennung erfahren haben. Das kann bei der Arbeit gewesen sein, durch Freunde oder Nachbarn oder durch Ihren Partner. Beschreiben Sie die Situationen und Ihre Gefühle in den Situationen so konkret wie möglich.

In der zweiten Schreibübung notieren Sie, wann und auf welche Weise Sie sich selbst zuletzt Anerkennung gezollt haben. Wenn es Ihnen hilft, greifen Sie die Situationen auf, in denen Sie von anderen Anerkennung bekommen haben, und fragen Sie sich, wie Sie selbst sich dabei verhalten und gefühlt haben. Konnten Sie die Anerkennungen gut annehmen und auch spüren? Oder haben Sie die Leistungen beziehungsweise das Verhalten, für das Sie anerkannt wurden, vor sich selbst kleingeredet? Und kennen Sie das in den Situationen an den Tag gelegte Verhalten? Ist es typisch für Sie?

Die dritte Schreibübung dient dazu, nachzudenken, wann Sie Ihrem Partner zuletzt Anerkennung gezollt haben. Und weil Sie ja schon sehr schreiberfahren sind, sage ich nur: Schreiben Sie auch in diesem Punkt so konkret und detailliert wie möglich.

Fragen Sie sich am Ende der Übung, ob Sie Ihrem Partner Ihrem eigenen Empfinden nach genug Anerkennung zukommen lassen. Um die Frage zu beantworten, können Sie den Spieß einfach umdrehen und sich fragen, ob Ihnen die Art und Weise der Anerkennung, die Sie Ihrem Partner entgegenbringen, und die Häufigkeit, mit der Sie das machen, selbst genügen würde.

Die vierte und letzte Schreibübung dreht sich darum, was Sie sich in welcher Form an Anerkennung von Ihrem Partner wünschen. Denken Sie auch hier daran, ganz konkrete Beispiele zu nennen. Mit einem Satz wie:»Ich wünsche mir mehr Anerkennung von dir«, hat noch selten ein Partner etwas anfangen können.

Aber wenn Sie beispielsweise sagen:»Ich kümmere mich immer um den Einkauf. Es wäre schön, du würdest das bemerken.« Schon haben Sie Ihrem Partner die Möglichkeit gegeben, sich so zu verhalten, dass es für Sie stimmig ist.

Dabei habe ich bewusst ein banales Beispiel gewählt, um Sie zu ermutigen, das Gleiche zu tun. Denn meist geht es um ganz banale und alltägliche Dinge, für die wir uns Anerkennung wünschen, wobei es auch immer darum geht, gesehen zu werden, also um einen Ausdruck der achtsamen Anteilnahme.

Zum Abschluss der Schreibübungen kommt nun das Schwerste oder vielleicht auch das Einfachste, das hängt ganz von Ihnen ab. Überlegen Sie, welche der Texte oder Gedanken und Inhalte Sie mit Ihrem Partner teilen möchten. Vielleicht mögen Sie ihn zuvor auch bitten, ebenfalls die eine oder andere Schreibübung durchzuführen, so dass Sie Ihre Texte, Gedanken und Gefühle austauschen können.

Menschenwürde in der Partnerschaft

Peter Bieri erzählt in seinem Buch »Eine Art zu leben« die Geschichte eines Zwergs, der sein Geld damit verdient, sich für den Zwergenweitwurf zur Verfügung zu stellen. Bieri findet dies entwürdigend und möchte den Zwerg überzeugen, damit aufzuhören. Der Zwerg hingegen sieht darin die einzige Möglichkeit, eigenständig Geld zu verdienen und sich selbst zu versorgen. Und das gibt ihm wiederum mehr Würde, als ihm der Missbrauch durch den Zwergenweitwurf an Würde raubt.

Natürlich ist eine Gesellschaft, in der ein kleinwüchsiger Mensch nur auf entwürdigende Weise sein Geld verdienen kann, in Frage zu stellen, aber das Beispiel macht deutlich, dass es unterschiedliche Ideen und Gewichtungen gibt, wenn es um das Thema Würde geht.

Die Menschenwürde als Grundrecht

»Die Würde des Menschen ist unantastbar.« So steht es in Artikel 1 des deutschen Grundrechts. Dieses Grundrecht ist zugleich ein Menschenrecht und muss somit für jeden Bürger vom Staat gewährleistet werden.

Manche sehen in diesem Artikel ein Paradoxon, weil jeder Mensch allein durch sein Menschsein bereits eine Menschenwürde besitzt, die ihm ergo durch nichts und niemand genommen werden kann. Wenn wir dies als Fakt anerkennen würden, bräuchten wir wiederum kein Gesetz, das die Menschenwürde staatlich schützt.

Aber es soll an dieser Stelle weder um rechtsphilosophische noch um rechtshistorische Erörterungen gehen, sondern vielmehr darum, wie Würde in der direkten zwischenmenschlichen Beziehung zum Ausdruck kommen kann. Auf welche Weise wir uns gewürdigt fühlen und andere würdigen.

Dabei ist klar, dass Achtung, Respekt und Wertschätzung, über die schon einiges in den Kapiteln zuvor geschrieben wurde, alle eng mit dem Begriff der Würde verbunden sind. Das Thema Würde erscheint mir aber so zentral und grundlegend, dass ich es als eigenes Thema aufgreifen möchte. Zumal eine Missachtung oder Verletzung der Würde einen Menschen in seinen Grundfesten erschüttern und eine Beziehung oder Partnerschaft unwiderruflich zerstören kann.

Formen der Würdeverletzung

Man kann in einer Beziehung durchaus unterschiedlicher Meinung sein und sich auseinandersetzen. Auch kann man mit dem Verhalten des Partners mitunter nicht einverstanden sein, aber die Basis einer Partnerschaft sollte immer die wechselseitige Akzeptanz des anderen sein. Neben aller Kritik und Auseinandersetzung sollte immer noch das Gefühl spürbar sein, dass wir den anderen als Menschen respektieren und achten.

Wodurch Menschen sich missachtet, entwürdigt oder verletzt fühlen, ist allerdings unterschiedlich und steht in engem Zusammenhang mit den individuellen Erfahrungen. Allgemein kann man aber wohl sagen, dass jede Form der Bloßstellung oder Demütigung eine Missachtung der Menschenwürde darstellt. Hierzu zählt auch, wenn Menschen der Lächerlichkeit preisgegeben oder zum Gegenstand von Spott gemacht werden.

Auch ein Ausschluss von Menschen von der Teilhabe an der Rechtsgleichheit innerhalb einer Gesellschaft kommt einer Missachtung der Menschenwürde gleich. Würde bedeutet in diesem Sinn auch, jeden Menschen in seinem Menschsein wahr- und ernst zu nehmen.

Zeitstrahl der Würde

Wir alle haben eine Geschichte der Würdigung und zugleich eine der Entwürdigung und Demütigung. Nehmen Sie ein Blatt Papier im Querformat und zeichnen Sie in die Mitte des Blattes eine Linie mit einem Pfeil am rechten Ende. Dies ist Ihr Zeitstrahl der Würde.

Der Beginn des Pfeils stellt Ihre Geburt dar, die Spitze Ihre Zukunft. Teilen Sie den Pfeil in Streckenabschnitte von zehn Jahren ein und markieren bitte noch, wo Sie sich aktuell befinden.

Versuchen Sie nun, sich an alle Momente Ihres Lebens zu erinnern, in denen Sie sich gewürdigt gefühlt haben. Vielleicht wissen Sie noch das ungefähre Alter, in dem Sie sich in der erinnerten Situation befunden haben. Dann machen Sie an der entsprechenden Stelle des Pfeils einen Strich nach oben und notieren die Situation mit ein paar Worten. Sofern Sie Ihr Alter nicht mehr erinnern, machen Sie den Strich einfach an der Altersstelle, an der Sie sich gefühlt befunden haben.

Das Gleiche machen Sie bitte mit den Momenten Ihres Lebens, in denen Sie sich gedemütigt, entwürdigt oder bloßgestellt gefühlt haben. Die Striche für diese Kategorie gehen von der Pfeilebene aus nach unten. Versuchen Sie auch hier, ein ungefähres Alter zu bestimmen. Notieren Sie wieder nur einige Stichworte.

Wichtig ist, dass Sie alles notieren, was Sie erinnern. Fragen Sie sich nicht, ob die Situationen wirklich so waren, wie Sie sie erinnern,

ob Sie tatsächlich gedemütigt oder bloßgestellt wurden. Entscheidend
ist allein, wie Sie sich gefühlt haben. Oft ist es gar nicht unbedingt
die Intention des anderen, uns zu demütigen und dennoch passieren
solche Situationen.

Lassen Sie sich Zeit, die Skizze zu entwickeln, sich zu erinnern. Tragen Sie dabei gut Sorge für sich. Gerade im unteren Bereich des Pfeils
kann es sein, dass unschöne Erinnerungen und Gefühle aufkommen.
Wenn Sie merken, dass diese zu stark sind, legen Sie die Skizze beiseite
und beschäftigen sich mit etwas anderem oder suchen das Gespräch
mit Ihrem Partner oder einem Freund, sofern Sie sich danach fühlen.

Mühsame Erinnerungsarbeit

Es ist mitunter eine mühsame Erinnerungsarbeit, aber ich denke,
dass es gerade bei diesem Thema enorm hilfreich sein kann, erst einmal seine eigene Geschichte zu kennen, bevor man mit dem Thema
in Austausch mit seinem Partner geht. Weil wir auf diese Weise eventuell Muster entdecken, die unter Umständen nicht unbedingt etwas
mit unserer aktuellen Beziehung zu tun haben, sondern womöglich
mehr mit unserer persönlichen Geschichte.

 Vielleicht möchten Sie sich über den Zeitstrahl mit Ihrem Partner austauschen oder ihm vorschlagen, einen eigenen zu erstellen. Oder Sie
lassen sich von einer der Situationen und Ihren notierten Stichpunk-
ten zu einem längeren Text anregen. Meist gibt es Ereignisse, die uns
stärker beschäftigen und geprägt haben als andere. Diese Schlüssel-
ereignisse in einem eigenen Text zu bearbeiten, kann zu wichtigen
Erkenntnissen führen.

Liste der Würde

 Fertigen Sie zeitgleich mit Ihrem Partner, aber doch jeder für sich, eine
Tabelle mit zwei Spalten an. In der linken Spalte notieren Sie alles, was
Ihnen das Gefühl vermitteln könnte, gewürdigt zu werden. Bemühen Sie
sich, dabei so konkret wie möglich zu sein und keine vermeintlichen
Banalitäten zu scheuen.

Wenn mir beispielsweise jemand in einem Gespräch seine Aufmerksamkeit schenkt, fühle ich mich gesehen und gehört und damit
gewürdigt. Umgekehrt fühle ich mich missachtet, wenn jemand sich

ganz offensichtlich mit etwas anderem beschäftigt, während ich mich in der einen oder anderen Weise öffne und mitteile.

In die rechte Spalte kommt hingegen alles, was Ihnen das Gefühl vermittelt, entwürdigt, gedemütigt oder bloßgestellt zu werden. Stören Sie sich nicht daran, dass einige Sachen, die Sie in der linken Spalte in einer positiven Formulierung aufgenommen haben, sich in der rechten Spalte in einer negativen Formulierung wiederfinden. Im ersten Schritt schreiben Sie einfach drauflos, ohne die Spalten miteinander abzugleichen oder zu vergleichen.

Wenn Sie und Ihr Partner jeweils beide Spalten fertig haben, sehen Sie sich jeder die Länge Ihrer Spalten an und den Inhalt und unterstreichen in beiden Spalten die fünf Dinge, die Ihnen am Wichtigsten sind. Erst wenn Sie beide damit fertig sind, tauschen Sie die Blätter aus. Falls etwas auf Ihrem Blatt steht, das Sie gern für sich behalten möchten, schreiben Sie für Ihren Partner ein neues Blatt oder schwärzen Sie das, was Sie für sich behalten wollen. Dann tauschen Sie sich im Gespräch über die Listen aus.

Sehen Sie sich hierfür zuerst die fünf Dinge in jeder Spalte an, die Sie unterstrichen haben, und fragen Sie sich, welche Rolle diese in Ihrer Beziehung spielen. Danach tauschen Sie sich wechselseitig über alles aus, was Ihnen relevant erscheint, sowohl für Ihre Partnerschaft als auch für Sie als Individuen. Hierfür gibt es keine besonderen Regeln, außer der des aktiven Zuhörens und der Ausgewogenheit zwischen Ihren Redebeiträgen.

Gibt es Gerechtigkeit?

Um es vorab zu sagen: Es gibt keine Gerechtigkeit. Schon unsere Geburt entscheidet darüber, ob wir in Wohlstand aufwachsen oder nicht und ob wir Zugang zu medizinischer Versorgung und Sozialleistungen haben. Auch die Bildungschancen sind eine Frage der Herkunft, auf die wir keinen Einfluss haben. Betrachten wir dann noch unser Rechtssystem, so fragen wir uns auch in diesem Bereich oftmals, ob es in der Rechtsprechung wirklich um Gerechtigkeit geht.

Leider erreichen wir auch in Beziehungen nicht immer Gerechtigkeit oder ein Gleichgewicht, das uns gerecht vorkommt. Denn Ungerechtigkeit beginnt genaugenommen schon dann, wenn wir schlecht gelaunt nach Hause kommen und unserem Partner unfreundlich begegnen, obwohl der Grund für unsere schlechte Laune ein anderer war.

Es geht aber auch gar nicht so sehr darum, die Ungerechtigkeit aus der Welt zu schaffen, denn das werden wir nicht erreichen, sondern vielmehr darum, sich zu fragen, in welchen Belangen Gerechtigkeit für uns ein unabdingbares Ziel darstellt und in welchen Situationen wir fünf grade sein lassen können.

Der erste Schritt ist der, uns bewusst zu machen, was uns wichtig ist und wie wir uns aufgrund dessen verhalten sollen. Eine Beziehung ist ja kein statisches Gebilde, sondern ein sehr dynamisches, das sich dadurch auszeichnet, dass die Dinge im Fluss sind und sich permanent verändern. Es kann also durchaus sein, dass wir heute ungerecht und morgen gerecht sind. Lassen Sie uns vor diesem Hintergrund gemeinsam über das Thema Gerechtigkeit nachdenken.

Der Ursprung der Fairness

Schon kleine Kinder haben ein Gefühl für Fairness, spüren sofort, wenn sie nicht gleich behandelt werden, wenn ein anderes Kind, womöglich noch das Geschwisterkind, vermeintlich oder tatsächlich bevorzugt wird.

Doch woher kommt dieses offensichtlich tief verwurzelte Gefühl für Gerechtigkeit? Es scheint gewissermaßen evolutionär verankert zu sein. Denn nur wenn klar ist, dass gemeinsam erlangte Erträge und Gewinne fair geteilt werden, lohnt sich kooperatives Verhalten, und wer kooperatives Verhalten an den Tag legt, hat wiederum bessere Überlebenschancen.

Schon Kapuzineräffchen und Schimpansen reagieren wütend, wenn sie für die gleiche Aufgabe unterschiedliche Belohnungen erhalten. Und in freier Wildbahn sind Tiere noch viel mehr auf kooperatives Verhalten angewiesen als in der Laborsituation. Gemeinsames Jagen funktioniert nur, wenn die Beute fair geteilt wird.

Das Ultimatum-Spiel

Spielexperimente haben gezeigt, dass die meisten Menschen in westlichen Gesellschaften von einem Geldgeschenk bereitwillig die Hälfte abtreten, ohne dies zu müssen. Das Spiel geht so: Jemand schenkt

Ihnen fünfzig Euro unter der Bedingung, das Geschenk mit einem Mitmenschen zu teilen. Dabei können Sie selbst bestimmen, wie viel Sie abgeben wollen. Allerdings muss der Partner Ihr Angebot annehmen, sonst gehen beide leer aus.

Die meisten Akteure bieten in diesem sogenannten Ultimatum-Spiel ihrem Gegenüber knapp die Hälfte des Geldgeschenks an und handeln damit instinktiv richtig. Denn wer weniger als vierzig Prozent offeriert, brüskiert etliche Spielpartner, bei weniger als einem Drittel wird vom Spielpartner sogar fast immer abgelehnt, so dass beide Spielpartner leer ausgehen.

Erstaunlicherweise verhält es sich bei manchen Naturvölkern anders. Bei den Machiguengas beispielsweise, einem jagenden und fischenden Volk aus dem Hinterland des peruanischen Amazonas, gaben die meisten Stammesmitglieder beim Ultimatum-Spiel nur ein Viertel des Geldgeschenks ab, Einzelne sogar nur fünfzehn Prozent. Allerdings schien das die Spielpartner wenig zu stören, denn lediglich einer von einundzwanzig fühlte sich dabei über den Tisch gezogen. Dies hängt vermutlich damit zusammen, dass in besagtem Volk die Familie zwar heilig ist, die Gesamtgesellschaft aber nicht viel bedeutet.

Prinzipien der Gerechtigkeit

In der Psychologie versucht man ebenfalls, das Thema Gerechtigkeit besser zu greifen. Hier unterscheidet man grob drei Prinzipien der Gerechtigkeit, die im Folgenden kurz erläutert werden.

Gemäß dem sogenannten Bedürfnisprinzips werden Beziehungen dann als gerecht erlebt, wenn die Bedürfnisse beider Beziehungspartner erfüllt werden, wie etwa das Bedürfnis nach Zärtlichkeit und Nähe oder auch das Bedürfnis nach Sicherheit und Geborgenheit.

Das zweite wichtige Prinzip der Gerechtigkeit ist das Gleichheitsprinzip. In dessen Mittelpunkt steht das Bedürfnis beider Beziehungspartner, das Gleiche zu erhalten. Dieses Prinzip wurde bereits erklärt, als es darum ging, warum Gerechtigkeit evolutionär sinnvoll ist.

Das dritte Prinzip der Gerechtigkeit ist das Beitragsprinzip. Angewendet auf Beziehungen bedeutet es, dass jeder Partner so viel aus der Beziehung erhält, wie er in die Beziehung eingebracht hat. Dies

bezieht sich sowohl auf materielle als auch emotionale und zeit-
gebundene Werte. Heruntergebrochen heißt das, wer sich in einer
Beziehung engagiert, hat auch ein Recht auf Belohnung.

Natürlich gibt es in den meisten Partnerschaften Phasen, in denen
sich die Partner unterschiedlich stark einbringen, wenn aber einer
oder beide anfangen, sich immer weniger einzubringen, ist das ein
schlechtes Zeichen für das Fortbestehen der Beziehung.

Nicht immer lassen sich die drei Prinzipien klar voneinander
trennen. Beziehungspartner, die sowohl nach der Gleichheit der
Belohnungen als auch danach gefragt wurden, ob jeder das erhält,
was er verdient, gaben oft ähnliche Antworten auf beide Fragen, insbesondere dann, wenn beide etwa gleiche Beiträge zu der Beziehung
geleistet hatten.

Ausgewogenheit macht zufrieden

Es dürfte kein Geheimnis sein, soll an dieser Stelle aber noch einmal erwähnt werden, dass Personen, die in ihrer Partnerschaft Ausgewogenheit wahrnehmen, zufriedener sind als Personen, die sich
benachteiligt fühlen. Dies bestätigt, was zuvor bereits erläutert wurde,
dass wir Menschen einen Sinn für Fairness haben und uns dann
besonders wohl fühlen, wenn der Gerechtigkeit Genüge getan wird.

Wahrgenommene Ausgewogenheit macht aber nicht nur zufriedener, sondern führt auch zu mehr Intimität und stabileren Beziehungen. Tritt im Beziehungsverlauf durch bestimmte Herausforderungen oder Krisen, wie etwa bei einer Geburt oder bei Arbeitslosigkeit,
Unausgewogenheit auf, wird von beiden Partnern versucht, diese
wieder auszugleichen.

Wie ausgewogen ist Ihre Beziehung?

 Was würden Sie sagen, wie ausgewogen Ihre Beziehung ist auf einer
Skala von eins bis zehn, wenn zehn die absolute Ausgewogenheit dar-
stellt? Woran machen Sie das fest? Gibt es Bereiche, in denen Sie das
Gefühl haben, mehr in die Beziehung einzubringen als Ihr Partner?
Notieren Sie, welche Bereiche das sein könnten, und beschreiben Sie
wenn möglich konkrete Situationen.

Dann konzentrieren Sie sich auf das Thema Nähe und Zärtlichkeit.
Was würden Sie sagen: Bringen Sie beide gleich viel ein, wenn es um

Nähe und Zärtlichkeit geht, oder ist einer von Ihnen mehr darauf ausgerichtet und teilt mehr Zärtlichkeiten aus als der andere? Wie verhält es sich mit Ihrem Nähebedürfnis im Verhältnis zum Nähebedürfnis Ihres Partners? Besteht in diesem Bereich Ausgewogenheit?

Und wie verhält es sich mit anderen Bedürfnissen? Haben Sie das Gefühl, Ihr Partner kommt Ihren Bedürfnissen entgegen, nimmt Sie ernst und ist darum bemüht, diese zu erfüllen? Und wie verhält es sich umgekehrt? Versuchen Sie, den Bedürfnissen Ihres Partners gerecht zu werden? Wissen Sie beide um die Bedürfnisse des anderen? Sprechen Sie darüber oder muss jeder von Ihnen mehr oder weniger erahnen oder im Lauf der Zeit herausfinden, was der andere für Bedürfnisse hat?

Entweder bitten Sie Ihren Partner, diese Fragen ebenfalls zu beantworten, oder Sie versuchen zunächst allein Klarheit zu bekommen, um sich in einem zweiten Schritt mit Ihrem Partner darüber auszutauschen, entweder schriftlich oder mündlich.

Sofern Sie sich erst allein damit beschäftigen wollen, bedenken Sie, dass Ihr Partner ebenfalls einen zeitlichen Vorlauf braucht, um diese Themen für sich zu durchdenken, bevor Sie sich darüber austauschen.

Nehmen Sie in einem zweiten Schritt Karteikarten mit zwei unterschiedlichen Farben. Eine Farbe steht für Dinge, die Sie in die Beziehung einbringen, die andere für Dinge, die Ihr Partner in die Beziehung einbringt. Notieren Sie zunächst Begriffe für Dinge, die Sie in die Beziehung einbringen, und verwenden Sie für jeden Begriff eine eigene Karteikarte. Dann verfahren Sie auf dieselbe Weise mit Begriffen für Dinge, die Ihr Partner in die Beziehung einbringt.

Betrachten Sie in Ruhe die Karteikarten und schreiben Sie einen Text, wie es Ihnen damit geht. Sofern Ihr Partner die gleiche Übung gemacht hat, sehen Sie sich zusammen die vier Kartenstapel an und gehen Sie auf Gemeinsamkeiten beziehungsweise Unterschiede ein und schreiben Sie einen Text, wie es Ihnen damit ergangen ist.

Die gleiche Übung können Sie für Dinge machen, die Sie für sich behalten und nicht in die Beziehung einbringen. Gleiches für Ihren Partner. Verwahren Sie alle erstellten Karten und wiederholen Sie die Übung später, wenn Sie mögen. Oder Sie wählen bestimmte Begriffe und Themen, mit denen Sie sich von Zeit zu Zeit differenzierter auseinandersetzen.

Beziehungswerte kompakt

Ein Kapitel lang haben wir nun über Werte reflektiert, die für jeden Menschen ein unterschiedliches Gewicht und eine unterschiedliche Bedeutung haben. Es ist klar, dass wir uns nicht immer unseren Idealen entsprechend verhalten können. Dennoch ist es hilfreich, sich von Zeit zu Zeit Gedanken darüber zu machen, wie die eigenen Werte überhaupt aussehen.

Da sich unsere Werte im Lauf unseres Lebens auch verändern können, insbesondere dann, wenn sich unsere Lebensumstände verändern, wir beispielsweise eine Familie gründen oder Kinder hinzukommen, empfiehlt es sich, die Wertbestimmung und die eigene Positionierung schriftlich vorzunehmen und aufzubewahren. Das hat den Vorteil, dass wir unsere eigene Entwicklung in Hinblick auf unsere Werte über die Zeit hinweg betrachten können. Zudem fällt es auf diese Weise leichter, sich mit anderen darüber auszutauschen.

Welche Beziehungswerte sind für Sie zentral?

 Notieren Sie auf einzelnen Karten oder Blättern fünf Werte, die für Sie in einer Beziehung wichtig sind. Ihr Partner macht das Gleiche. Dann tauschen Sie beide die Karten oder Blätter. Wählen Sie eine der Karten oder Blätter, die Sie von Ihrem Partner bekommen haben, und schreiben Sie einen Text dazu.

Lesen Sie sich die Texte gegenseitig vor. Antworten Sie auf das von Ihrem Partner Erfahrene wiederum mit einem Text. Konkret sieht dies so aus: Ein Partner liest, der andere antwortet mit einem Text. Dann werden die Rollen gewechselt. Dadurch schenken Sie sich als Partner gewissermaßen eine Antwort auf Ihre Texte. Diese muss keinesfalls strukturiert sein oder direkt auf das Gehörte Bezug nehmen, sondern Sie können auch notieren, wie Sie sich fühlen oder wie Sie die Atmosphäre wahrnehmen oder was Ihnen gerade in den Sinn kommt.

Wenn Sie mögen, wiederholen Sie die Übung mit einer zweiten oder dritten Karte. Heben Sie die Karten und Texte in jedem Fall auf und wiederholen Sie die Übung in regelmäßigen Abständen oder immer dann, wenn Sie Bedarf haben oder sich in Ihrer Beziehung grundlegend etwas verändert zu haben scheint.

Beziehungswerte im Schnelldurchlauf

Bei dieser Übung geht es um Spontaneität und Schnelligkeit. Machen Sie die Übung gemeinsam mit Ihrem Partner, wobei sich aber jeder auf sein eigenes Blatt und seine innere Stimme konzentriert. Die gemeinsame Betrachtung und Besprechung erfolgt erst, wenn Sie beide mit dem Schreiben fertig sind.

Vorgegeben sind die im Folgenden aufgelisteten Satzanfänge. Sie schreiben die jeweiligen Sätze einfach weiter. Halten Sie dabei nicht inne und denken Sie nicht nach. Gehen Sie in der vorgegebenen Reihenfolge vor und vergessen Sie alles, was Sie über bestimmte Werte und Verhaltensweisen zu wissen glauben oder sich wünschen würden. Es kommt nur darauf an, so intuitiv wie möglich zu schreiben.

Treue ist für mich, wenn ...
In unserer Beziehung spielt Eifersucht ...
Respekt kommt für mich zum Ausdruck ...
Ich fühle mich wertgeschätzt, indem ...
Missachtet habe ich mich gefühlt, als ...
Als mein Partner ... habe ich mich geachtet gefühlt.
Ich achte meinen Partner dafür, dass ...
Unsere Beziehung ist in punkto Gerechtigkeit ...
Ausgewogen sind wir, wenn ...
Eine gewisse Ungleichheit besteht in ...

Die Ernte einfahren

Es ging in den letzten Absätzen viel darum, was jeder Partner in die Beziehung einbringt und ob es eine Ausgewogenheit gibt. Deswegen wollen wir zum Abschluss des Kapitels einen Blick darauf werfen, was Sie als Paar gemeinsam eingebracht haben.

Was glauben Sie in Ihrer Partnerschaft gesät zu haben, was nun reif zum Ernten ist? Und was bräuchte es, um die Erntezeit zu feiern und zu genießen? Um die Ernte gewissermaßen gemeinsam einzufahren?

Lassen Sie Ihren Partner unbedingt die gleiche Übung machen, um ein vollständiges Bild zu bekommen. Meist erinnert man, gerade in einer langjährigen Partnerschaft, nicht alles, was man sowohl einzeln als auch gemeinsam in die Beziehung eingebracht hat.

Wer wir sind

»Das Ich wird Ich erst am Du.«
(Viktor E. Frankl)

Wir sind uns ja so (un-)ähnlich

Sicher kennen Sie die gängigen Volksweisheiten zu diesem Thema. Doch wollten wir ihnen glauben, müssten wir sowohl das eine als auch das genaue Gegenteil annehmen. Sie erinnern sich: »Gleich und Gleich gesellt sich gern« sowie »Gegensätze ziehen sich an«.

So schön und interessant Volksweisheiten sind, sie haben ihre Grenzen. Denn obwohl sie einen wahren Kern besitzen, auf dessen Grundlage sie entstanden sind, handelt es sich um stark vereinfachte Annahmen und Aussagen. Und da Beziehungen extrem komplex sind, ist es naheliegend, dass sie sich nicht in einem Satz fassen lassen. Deswegen wollen wir uns das Thema einmal ein wenig differenzierter ansehen und erfahren, was die Psychologie dazu zu sagen hat, auch wenn dort wie immer keine absolute Einigkeit herrscht.

Dennoch halten die meisten Psychologen Gemeinsamkeiten, wie übereinstimmende Einstellungen und Ansichten sowie gemeinsame Lebenspläne, für bedeutsam für den erfolgreichen Verlauf einer lang dauernden Partnerschaft. Anhand der Gemeinsamkeiten schätzen Beziehungspartner nämlich ab, wie viel Engagement sich für die Beziehung lohnt, sowohl auf emotionaler als auch auf praktischer und materieller Ebene sowie bezüglich der Frage, ob eine gemeinsame Zukunft, eventuell sogar mit Kindern, vorstellbar ist.

Auch wenn eine gewisse Andersartigkeit vielleicht einen großen Reiz ausübt und eine Beziehung beleben kann, dürfen die Interessen nicht zu weit auseinander liegen, weil es sonst auf lange Sicht schwer wird, einen gemeinsamen, für beide Seiten befriedigenden Nenner zu finden.

Aber wie auch immer die psychologischen Einschätzungen in Bezug auf Ähnlichkeiten oder Unterschiede in einer Partnerschaft sein mögen, entscheidend ist, was wir selbst suchen und wie wir unsere Beziehungen gestalten, sowohl in der Vergangenheit als auch in der Gegenwart.

Gleich und gleich gesellt sich gern?

Notieren Sie, welche Merkmale Sie bei einem Partner fürs Leben als wichtig erachten. Denken Sie dabei nicht an Ihren aktuellen Partner, sondern fragen Sie sich ganz allgemein, welche Eigenschaften Ihnen wichtig wären, wenn Sie sich einen idealen Partner aussuchen könnten.

Sehen Sie sich dann Ihre Notizen an und schätzen Sie Ihren aktuellen Partner in Bezug auf diese Eigenschaften ein. Welche Übereinstimmungen und Unterschiede lassen sich feststellen und was schließen Sie daraus? Überrascht Sie das Ergebnis oder waren Sie sich dessen bewusst? Schreiben Sie hierzu einen kurzen Text.

Nun schätzen sich selbst in Bezug auf die im ersten Schritt notierten Eigenschaften ein. Besitzen Sie einige oder sogar viele Merkmale, die Ihnen bei einem Partner fürs Leben wichtig wären? Oder sind Sie selbst ganz anders? Und was lässt sich Ihrer Meinung nach aus diesem Vergleich und seinem Ergebnis schließen? Schreiben Sie auch hierzu einen kurzen Text.

Nachdem Sie die Übung für Ihren aktuellen Partner gemacht haben, könnten Sie schriftlich darüber nachdenken, wie es sich hinsichtlich Ihrer als ideal angenommenen Merkmale in Bezug auf Ihre vergangenen Partner verhält und ob Sie vielleicht Muster erkennen.

Machen Sie diese Übungen zunächst für sich allein und bitten Sie Ihren Partner, sofern Sie dies überhaupt mögen, erst in einem zweiten Schritt, die Übungen ebenfalls zunächst für sich allein durchzuführen.

Erst wenn Sie beide für sich reflektiert haben, tauschen Sie sich darüber aus, sofern Sie das Bedürfnis danach verspüren. Dieses Vorgehen empfiehlt sich deshalb, weil die Übung in erster Linie etwas mit Ihnen und Ihren Einstellungen zu tun hat und nur in zweiter Linie etwas mit Ihrem aktuellen Partner.

Am Anfang war das Kennenlernen

Um Gemeinsamkeiten oder Unterschiede festzustellen, bedarf es einer gewissen Beziehungszeit, da Menschen sich zu Beginn einer Beziehung oftmals anders verhalten und zunächst vor allem ihre besten Seiten zeigen und wahrscheinlich auch kompromissbereiter sind, als es vielleicht ihrem sonstigen Naturell entspricht.

Die nächsten Übungen sind nur dann sinnvoll, wenn Sie über die allerersten Anfänge einer Beziehung bereits hinaus sind, weil Sie nur dann eine sinnvolle Rückschau halten können. Sind Sie hingegen gerade frisch zusammengekommen, dürften Sie so ziemlich alles zum ersten Mal machen, was die Übungen in gewisser Weise ad absurdum führt. Dann könnten Sie die Übungen höchstens in Bezug auf eine vergangene Partnerschaft durchführen, sofern Sie diese noch einmal reflektieren wollen.

Bei den folgenden Übungen ist es nicht entscheidend, was wirklich geschah, sondern wie Sie es erinnern. Machen Sie sich keine Gedanken darüber, ob Ihr Partner dasselbe erinnert, andere Details oder womöglich eine ganz andere Geschichte. Bitten Sie also, wenn Sie Lust haben, Ihren Partner, die Übungen ebenfalls zu machen.

 In der ersten Übung geht es darum, folgenden Satzanfang fortzuführen: »Als wir uns kennen lernten …« Schreiben Sie so schnell und intuitiv wie möglich. Wenn Sie das Gefühl haben, mehrere Anläufe mit dem gleichen Satzanfang machen zu wollen, weil es nie nur eine Version einer Geschichte gibt, fühlen Sie sich bitte frei, ebendies zu tun.

In der zweiten Übung sollen Sie diesen Satzanfang fortführen: »Als wir das erste Mal …« Falls Ihnen spontan nichts einfällt, denken Sie an Ihr erstes Treffen, den ersten Kuss, den ersten Urlaub oder das erste gemeinsame Eis. Dabei können Sie mehrere Ereignisse in einem Text beschreiben oder für jedes Ereignis einen neuen Text anfangen. Falls Sie mögen, auch über einen längeren Zeitraum hinweg, wenn es viele Ereignisse sind und das Schreiben einige Zeit und Energie in Anspruch nimmt.

In der dritten Übung werfen Sie bitte einen Blick von außen auf Ihren Alltag. Beschreiben Sie einen Tag in Ihrem Leben und dem Leben Ihres Partners aus der Sicht eines Gegenstandes Ihres Haushaltes. Was würde zum Beispiel Ihr Toaster erzählen, wenn er Sie und Ihren Partner einen Tag lang beobachten würde?

Wie gut kennen Sie Ihren Partner?

Um sich damit auseinanderzusetzen, wie gut Sie Ihren Partner kennen und umgekehrt, empfiehlt sich auch die Übung *Die Greencard* aus dem Kapitel »Vertrauen – ein weites Feld« (S. 36 f.).

Sollten Sie diese Übung bereits gemacht haben oder keine Lust darauf verspüren, können Sie gleich mit der nächsten Übung beginnen, in der Sie ein kleines Gedicht, auch *Haiku* genannt, schreiben sollen.

Ein Haiku ist ein japanisches Kurzgedicht, das nach dem Silbenmuster 5/7/5 funktioniert. Das heißt, die erste Zeile des Gedichts darf insgesamt nur aus fünf Silben bestehen, egal wie viele Wörter Sie verwenden. In der zweiten Zeile sollten sieben Silben stehen und in der dritten Zeile wieder fünf.

Inhaltlich steht in der ersten Zeile etwas über Sie, in der letzten Zeile etwas über Ihren Partner und in der mittleren Zeile etwas über Ihre Partnerschaft.

Gehen Sie spielerisch an die Aufgabe und schreiben Sie ruhig mehrere Haiku. Dabei schalten Sie am besten Ihren inneren Zensor aus, der vermutlich Ihre schulischen Gedichterfahrungen als Grundlage für seine wenig hilfreichen Bemerkungen nimmt.

Schön wäre es, wenn Ihr Partner sich ebenfalls an der Übung versucht, dann können Sie, nachdem Sie jeder für sich Ihre ersten eigenen Haiku verfasst haben, sich an gemeinsamen Haiku versuchen, bei denen Sie die Zeilen auf Sie beide aufteilen, in welcher Kombination auch immer.

Rumpelstilzchen oder Drosselbart?

Wenn Sie sich vorstellen, Ihr Partner wäre eine Märchenfigur, welche wäre er? Entscheiden Sie sich für eine einzige Figur, am besten die, die Ihnen als Erste in den Sinn kommt, auch wenn selbstverständlich nicht alle Eigenschaften der Märchenfigur mit Ihrem Partner übereinstimmen.

Notieren Sie sodann alles, was Ihnen zu der Märchenfigur einfällt, und überlegen Sie sich in einem zweiten Schritt, welche Märchenfigur für Sie selbst stehen könnte. Auch hier wählen Sie am besten die erste Figur, die Ihnen einfällt, und notieren Sie für diese Märchenfigur ebenfalls alles, was Ihnen dazu an Gedanken kommt.

Sobald Sie beide Märchenfiguren bestimmt und deren Eigenschaften notiert haben, schreiben Sie ein Märchen, in dem die beiden

Figuren vorkommen. Versuchen Sie sich dabei völlig von bekannten Märchen zu lösen. Vielleicht versuchen Sie auch, das Märchen als ein Neuzeitmärchen zu schreiben, bei dem Sie zwar den märchenhaften Erzählcharakter beibehalten, die Ereignisse aber auf heutige Verhältnisse übertragen.

Gemeinsame Wege?

Besorgen Sie sich für diese Übung entweder zwei Stadtpläne oder drucken sich entsprechende Karten aus dem Internet aus. Zeichnen Sie eine Woche lang die Wege auf, die Sie gehen, fahren oder anderswie zurücklegen, während Ihr Partner das Gleiche macht. Dabei ist es ganz egal, ob Sie die Wege allein, mit Ihrem Partner oder mit einem anderen Menschen begehen.

Legen Sie beide am Ende der Woche die zwei Karten nebeneinander. Gibt es dazu etwas zu schreiben? Schreiben Sie beide unabhängig voneinander, was Sie an der Übung beschäftigt hat und was Sie anhand der Karten zu erkennen glauben. Vielleicht lohnt es sich auch, die Übung zu einem zweiten Zeitpunkt zu wiederholen, um zu sehen, ob sich im Zeitverlauf etwas geändert hat.

Ich und Du, das sind Viele

Jeder Mensch hat zahlreiche Facetten und verhält sich in unterschiedlichen Kontexten anders, wie er sich auch in verschiedenen Beziehungen anders verhält. Am prägnantesten lässt sich das beobachten, wenn wir einen Menschen im Kontakt mit seinen Eltern erleben. Sein Verhalten wird sich in dieser Beziehung wahrscheinlich deutlich von seinem sonstigen Verhalten unterscheiden, weil sich die Beziehung aus der speziellen Situation der kindlichen Abhängigkeit und einer langen Geschichte heraus entwickelt hat.

Wir wissen auch von uns selbst, dass wir beispielsweise am Arbeitsplatz anders reagieren und reden als mit Freunden oder unserem Partner. Das hat nichts damit zu tun, dass wir uns verstellen, sondern mit unterschiedlichen Graden der Vertrautheit und verschiedenen Inhalten, die ein anderes Verhalten und eine andere Sprache erfordern.

Wählen Sie zwei möglichst unterschiedliche Kontexte und beschreiben Sie, wie Sie sich in diesen Kontexten wahrnehmen. Am besten beschreiben Sie jeweils eine konkrete Situation, an die Sie sich erinnern. Wenn Sie mögen, können Sie sich bei dieser Aufgabe im Dialog üben, denn anhand dessen, was wir sagen, wird oft sichtbar, wie wir uns fühlen und was wir denken. Wenn Ihnen der Dialog allerdings nicht liegt, können Sie auch in dieser Übung Fließtext schreiben oder gern beides ausprobieren.

Selbst-, Fremd- und Metabild

Es ist bekannt, dass wir uns oft anders wahrnehmen, als andere Menschen das tun. Hinzu kommt, dass unterschiedliche Menschen einen anderen Eindruck von uns haben, weil wir uns im Kontakt mit ihnen unterschiedlich verhalten. Wie bereits erwähnt, verhalten wir uns unserem Arbeitskollegen gegenüber anders als unserem Partner gegenüber, werden beispielsweise weniger die verletzlichen Seiten zum Ausdruck bringen als vielmehr die starken.

Wie wir uns selbst wahrnehmen, bestimmt unser Selbstbild. Wie andere uns wahrnehmen, ergibt das Fremdbild. Und dann gibt es noch etwas, das als Metabild bezeichnet wird und beschreibt, was wir glauben, wie andere uns wahrnehmen.

Ich werde Ihnen nun eine Art Tabelle präsentieren, die Sie insgesamt bitte dreimal aufzeichnen und ausfüllen. Sie haben die Möglichkeit, die in dieser Tabelle angegebenen Eigenschaften jeweils mit der Stärke null bis sechs zu bewerten. Null meint, die Eigenschaft ist nicht vorhanden, und sechs heißt, sie ist sehr ausgeprägt.

Zeichnen Sie sich also bitte auf einem ersten Blatt eine Tabelle. In die äußerste linke Spalte schreiben Sie untereinander in jeweils eine eigene Zeile folgende Eigenschaften: freundlich, humorvoll, ehrlich, aktiv, schnell, klar, stark, großzügig, kontaktfreudig, offen, geduldig, entspannt, dominant, einfühlsam, gesellig, geordnet, redselig, fleißig, mutig, ordentlich, zuverlässig, sympathisch.

Jetzt schreiben Sie in der obersten Zeile, beginnend in der zweiten Spalte – in der ersten stehen die Eigenschaften –, die Ziffern Null bis Sechs jeweils in einer eigenen Spalte. Legen Sie auf diese Weise bitte drei identische Tabellen auf drei Blättern an.

Eine Null in einer Eigenschaft ist gleichbedeutend mit dem Gegenteil dieser Eigenschaft. Wenn Sie bei der Eigenschaft »freundlich« eine Null ankreuzen, heißt das, dass Sie sich oder Ihren Partner für unfreundlich halten. Denn bei der Übung geht es darum, dass Sie sowohl Ihre Eigenschaften als auch die Ihres Partners einschätzen.

Die Überschrift des ersten Blattes lautet: »Selbstbild: So sehe ich mich«. Die Überschrift des zweiten Blattes: »Fremdbild: So sehe ich meinen Partner.« Und auf dem dritten Blatt steht: »Metabild: Was ich glaube, wie mein Partner mich sieht.«

Bitten Sie Ihren Partner ebenfalls, drei dieser Blätter anzufertigen und zeitgleich mit Ihnen auszufüllen. Denken Sie daran, dass es gerade beim Selbstbild um eine faire Einschätzung Ihrer Selbst geht, und scheuen Sie nicht davor zurück, sich selbst beispielsweise als sympathisch zu bezeichnen, wenn Sie sich so empfinden.

Und auch wenn Sie Ihren Partner einschätzen, versuchen Sie das so ehrlich wie möglich zu machen, weil Sie beide von einem aufrichtigen Feedback auf lange Sicht mehr profitieren als von einem gefälligen Zerrbild.

Nachdem Sie beide fertig sind, tauschen Sie die Fremdbildblätter aus und vergleichen diese zuerst mit dem Metabild, weil die beiden den engsten Zusammenhang aufweisen. In einem zweiten Schritt vergleichen Sie Fremd- und Selbstbild und tauschen sich mündlich über die gesamte Übung aus.

Schreiben Sie einen Brief

Schreiben Sie einen Brief an Ihren Partner, in dem Sie erklären, was Sie ausmacht, wie Sie sich sehen und wie Sie sich in der Partnerschaft erleben. Beachten Sie, dass es sein kann, dass Sie mitunter widersprüchliches Verhalten an den Tag legen. Bitten Sie Ihren Partner, ebenfalls einen solchen Brief zu schreiben.

Bevor Sie die Briefe austauschen, schreiben Sie beide bitte einen weiteren Brief, in dem Sie beschreiben, wie Sie den Partner wahrnehmen. Auch hier kann es hilfreich sein, eine oder mehrere konkrete Situationen zu beschreiben, anhand derer Sie deutlich machen, wie Sie den Partner erleben.

Tauschen Sie die Briefe aus und geben Sie sich ausreichend Zeit, sie zu lesen und wirken zu lassen. Vielleicht sprechen Sie auch erst in ein paar Tagen über das, was Sie geschrieben und beim Schreiben und Lesen erlebt und erfahren haben.

Die Namensübung

Als Nächstes schreiben Sie die Buchstaben Ihres Vor- und Nachnamens auf ein Blatt Papier. Notieren Sie hinter jedem Buchstaben ein Wort, das Ihnen spontan einfällt. Dann schreiben Sie einen Text, in dem alle diese Wörter vorkommen. Die Reihenfolge der Wörter spielt keine Rolle, auch können die Wörter mehrfach auftauchen.

Nun schreiben Sie die Buchstaben des Vor- und Nachnamens Ihres Partners auf ein Blatt Papier. Notieren Sie hinter jedem Buchstaben ebenfalls ein Wort, das Ihnen spontan einfällt. Schreiben Sie einen Text, in dem alle diese Wörter vorkommen. Die Reihenfolge der Wörter spielt auch hier wieder keine Rolle und auch hier können die Wörter mehrfach auftauchen. Es gelten also die gleichen Regeln wie bei Ihrem eigenen Namen.

Bitten Sie Ihren Partner, das Gleiche zu tun, und geben Sie sich die Texte wechselseitig zum Lesen beziehungsweise lesen Sie sie sich diese gegenseitig vor. Dann schreiben Sie beide darüber, was Sie wahrgenommen haben, sowohl in Ihren eigenen Texten als auch in denen des Partners, oder Sie tauschen sich mündlich darüber aus. Was haben die Texte mit Ihnen, Ihrem Partner und Ihrer Beziehung zu tun?

Zarte Wesen

Eigentlich sind wir viel verletzlicher und zerbrechlicher, als wir annehmen und es uns vielleicht eingestehen oder wünschen. Denn mal ehrlich, so lange wir gesund sind und es uns gut geht, wähnen wir uns ein Stück unverwundbar. Doch sobald etwas passiert, das unsere körperliche oder psychische Integrität gefährdet, spüren wir, wie fragil alles ist.

Zuweilen vergessen wir, wie schnell etwas passieren kann, das unsere Welt erschüttert, uns als Person oder unsere Beziehung. Natürlich dient dies auch dem Selbstschutz. Denn wenn wir uns unserer Verletzlichkeit und Verwundbarkeit in jedem Augenblick bewusst wären, wäre das wohl kaum auszuhalten. Selbstredend umfasst das auch unsere Sterblichkeit, die gewissermaßen das Maximum unserer Verwundbarkeit darstellt.

Und auch wenn es gut ist, nicht ständig an die eigene Verletzlichkeit zu denken oder erinnert zu werden, kann es dennoch hilfreich
sein, sich diese von Zeit zu Zeit bewusst zu machen. Denn das lässt
uns behutsamer und sorgsamer werden. Sowohl uns selbst als auch
unserem Partner gegenüber.

Ich bin verletzlich – du bist verletzlich

Schreiben Sie über eine Situation, in der Sie sich besonders verletzlich gefühlt haben. Was hat zu diesem Gefühl geführt? Wie erging
es Ihnen in der Situation? Wie lange hat sie angedauert? Gab es
Menschen, die Sie in der Situation gestützt und gehalten haben?
Wie lange ist diese Situation her? Hatte sie Auswirkungen auf Ihr
weiteres Leben? Hat das Gefühl der Verletzlichkeit, das Sie in der
beschriebenen Situation empfunden haben, Konsequenzen für Ihre
Beziehung? Hat sich in Ihrer Beziehung durch diese Situation etwas
geändert?

Dann versuchen Sie sich an eine ähnliche Situation zu erinnern, in
der Ihr Partner verletzlich war oder Sie ihn als verletzlich erlebt haben.
Wie haben Sie sich in dieser Situation verhalten? Wie hat Ihr Partner
sich verhalten? Schreiben Sie auch dazu einen Text.

Und schließlich schreiben Sie zwei weitere Texte. Der erste
betrifft die zuvor beschriebene Situation Ihrer eigenen Verletzlichkeit. Schreiben Sie, was Sie sich in dieser Situation von Ihrem Partner
gewünscht hätten. Was er unter Umständen anders hätte machen können. Über welche Reaktionen Ihres Partners Sie sich gefreut und über
welche Sie sich geärgert haben. Welche Sie als liebevoll und welche
vielleicht als lieblos erlebt haben.

Und auch hier bezieht sich der zweite Text wieder auf die beschriebene Situation, in der Sie Ihren Partner verletzlich erlebt haben. Was
glauben Sie hat Ihrem Partner gut getan? In welchem Bereich haben
Sie sich so verhalten, dass Sie Ihr Verhalten wiederholen würden? Und
welche Ihrer Verhaltensweisen würden Sie bei einer nächsten ähnlichen
Situation gern auf welche Weise ändern?

Vorsicht Glas!

Stellen Sie sich vor, Sie und Ihr Partner wären aus Glas. Was würde das
für Ihre Beziehung bedeuten? Wie müssten Sie miteinander umgehen?

Könnten Sie die Gedanken im Glaskopf Ihres Partners lesen oder sein Herz im Glaskörper schlagen sehen?

Wählen Sie für Ihre Geschichte dabei aus zwei Welten. In der einen Welt, die Sie sich vorstellen, sind alle Menschen aus Glas. In der anderen sind nur Sie als Paar aus Glas und unterscheiden sich damit deutlich von allen anderen. Gern können Sie auch zwei Geschichten mit der jeweils beschriebenen Welt verfassen.

Oder Sie beschreiben eine Welt, in der es einen Übergang mit Ihnen als Paar gibt aus einer Welt, in der zunächst nur Sie als Paar aus Glas sind, in eine Welt, in der alle Menschen zu Glasmenschen werden. Wenn Sie mögen, können Sie auch beschreiben, wie es dazu kam, dass alle Menschen jetzt aus Glas statt aus Fleisch sind.

Mein Partner, der Vertraute/der Fremde

Sicher kennen Sie das: Sie meinen zu wissen, wie Ihr Partner auf etwas reagieren wird, und dann passiert genau das, was Sie vorhergesehen haben. Und dann wieder gibt es Augenblicke und Situationen, in denen Sie sich mit Ihrer Vorhersage gründlich geirrt haben.

Es ging bereits an anderen Stellen darum, wie gut Sie Ihren Partner kennen und umgekehrt. Doch hier wird das Thema explizit noch einmal aufgenommen, weil ich es wichtig finde. Wenn wir nämlich glauben, unseren Partner sehr gut zu kennen und seine Verhaltensweisen im Voraus bestimmen zu können, werden wir aller Wahrscheinlichkeit nach eine weniger große Achtsamkeit und Wahrnehmungsfähigkeit an den Tag legen, als wenn wir davon ausgehen, einen Fremden vor uns zu haben, auf dessen Worte und Reaktionen wir gespannt sind.

Und dies kann wiederum, insbesondere in längeren Beziehungen, dazu führen, dass wir zum einen eine allzu festgelegte Meinung, einen allzu starren Blick auf unseren Partner haben, mit dem wir ihm wahrscheinlich nicht immer gerecht werden, und ihm zum anderen nur wenig Entwicklungs- und Veränderungsmöglichkeiten zugestehen.

Spannender und hilfreicher wäre es doch, davon auszugehen, dass unser Partner sich permanent wandelt und wir immer wieder aufs Neue gespannt sein dürfen, welche Ansichten er hat und welche

Verhaltensweisen er an den Tag legen wird. Und natürlich umgekehrt. Damit würden wir ihm, uns selbst und vor allem unserer Beziehung Entwicklungsmöglichkeiten geben.

Und selbst wenn er so reagiert, wie wir es uns gedacht haben, könnten wir immer noch neugierig fragen: Warum hat er wie immer reagiert und nicht anders? Denn jede Situation ist neu und noch nie dagewesen.

Der Vertraute

Es gibt eine Menge Tests, die darauf ausgelegt sind, herauszufinden, wie gut Sie Ihren Partner kennen. Manche sind kurz und oberflächlich, andere haben verschiedene Kategorien und bis zu hundert Fragen, in denen Sie Ihren Partner beschreiben und eben jene Verhaltensvorhersagen treffen sollen, von denen gerade die Rede war.

Wenn Sie Ihren Partner gut kennen, wird davon ausgegangen, dass es sich um eine funktionierende Beziehung handelt. Wenn Sie ihn hingegen schlecht kennen, wird angenommen, dass etwas in Ihrer Beziehung in Schieflage sein muss.

So einfach ist es allerdings nicht. Denn wie schon angesprochen, kann die Tatsache, dass Sie Ihren Partner gut zu kennen glauben, auch dazu führen, dass Sie ihn falsch einschätzen oder einiges als zu selbstverständlich nehmen.

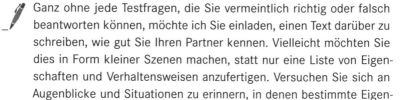

Ganz ohne jede Testfragen, die Sie vermeintlich richtig oder falsch beantworten können, möchte ich Sie einladen, einen Text darüber zu schreiben, wie gut Sie Ihren Partner kennen. Vielleicht möchten Sie dies in Form kleiner Szenen machen, statt nur eine Liste von Eigenschaften und Verhaltensweisen anzufertigen. Versuchen Sie sich an Augenblicke und Situationen zu erinnern, in denen bestimmte Eigenschaften Ihres Partners deutlich zu Tage treten.

Nehmen Sie sich Zeit für diese Aufgabe. Stellen Sie sich das Ganze wie ein Mosaik vor, bei dem Sie geduldig immer einen weiteren Stein hinzufügen. Gehen Sie mit dem Text erst in Austausch mit Ihrem Partner, wenn Sie das Gefühl haben, genügend Mosaiksteine zusammengetragen zu haben, oder wenn Sie merken, dass Sie keine weiteren Steine hinzufügen können, auch wenn das Gesamtbild vielleicht noch ein wenig unfertig wirkt.

Tauschen Sie sich mit Ihrem Partner über alle Aspekte der Übung aus. Sowohl über die Texte, die entstanden sind, als auch darüber, was Sie während des Schreibens und Erinnerns gedacht und gefühlt haben und wie es Ihnen mit dem Gesamtbild geht.

Sie können natürlich auch Ihren Partner einladen, dieselbe Übung zu machen. Aber auch dann tauschen Sie beide sich bitte erst untereinander aus, wenn Sie das Gefühl haben, dem jeweiligen Bild nichts mehr hinzufügen zu wollen oder zu können.

Vertrautheit

Ein weiteres Thema rund um den Komplex Vertrauter oder Fremder ist das Thema der Vertrautheit in einer Partnerschaft. Der Psychologe Sternberg hat ein Dreiecksmodell erstellt, in dem er die Liebe in drei Komponenten aufteilt: Vertrautheit, Leidenschaft, Bindung. Die Idee ist, dass jede Beziehung aus diesen drei Komponenten besteht. Je nachdem, ob es sich um eine sexuelle Beziehung, eine elterliche oder eine geschwisterliche Liebe handelt, sind die Komponenten unterschiedlich stark ausgeprägt.

Eine Beziehung unter Geschwistern beinhaltet einen hohen Anteil an Vertrautheit, eine elterliche Beziehung ist in hohem Maß von der Bindungskomponente geprägt und eine partnerschaftliche Beziehung hat in der Regel einen großen leidenschaftlichen Anteil. Dieser Idee entsprechend würde nie ein gleichschenkliges Dreieck zustande kommen, sondern einer der Schenkel wäre immer länger als die anderen.

Wenn Sie sich dieses Dreieck nun für Ihre Partnerschaft vorstellen: Wie würde es aussehen? Malen Sie die Seiten des Dreiecks auf und beschriften Sie sie mit den drei Komponenten: Vertrautheit, Leidenschaft, Bindung.

Dann sehen Sie sich das Dreieck an und schreiben, wie es Ihnen damit geht. Schreiben Sie auch darüber, ob das Dreieck schon immer so ausgesehen oder sich im Verlauf Ihrer Beziehung verändert hat.

Bitten Sie Ihren Partner, das Gleiche zu tun. Bevor Sie wechselseitig die Texte lesen oder vorgelesen bekommen, sehen Sie sich das gezeichnete Dreieck Ihres Partners an und lassen es ebenso auf sich wirken, wie Sie das mit Ihrem eigenen Dreieck gemacht haben.

Führen Sie die Übung mit ein oder zwei anderen Menschen durch, die Ihnen wichtig sind. Dabei geht es nicht darum, verschiedene Beziehungen zu vergleichen oder Ihnen nahe Menschen in eine vermeintliche Konkurrenz zu setzen, sondern einzig darum, ein Gefühl dafür zu entwickeln, wie sich Ihre Partnerschaft im Reigen Ihrer anderen Beziehungen einordnen lässt.

Der Fremde

Sie kennen vielleicht den Film »Der Feind in meinem Bett«, in dem sich der Ehemann als Feind entpuppt und die Ehefrau heimliche Fluchtpläne schmiedet. Obwohl es darum hier natürlich nicht geht, finde ich das Beeindruckende an der Idee, dass wir sogar uns nahe und vertraute Menschen nie wirklich kennen. Nicht umsonst heißt es, dass jeder Mensch unter bestimmten Umständen zu allem fähig ist.

Aber auch hier müssen wir gar nicht so weit gehen und in Extremen denken, sondern nur mal kurz darüber reflektieren, was wir selbst vor anderen Menschen zurückhalten, weil es uns vielleicht peinlich ist oder wir andere nicht damit belasten wollen. Und manchmal erschrecken wir vor bestimmten Gedanken und Phantasien auch so sehr, dass wir sie lieber nicht aussprechen.

Wenn wir uns das vor Augen führen, wird schnell klar, dass andere Menschen ebenfalls Gedanken, Gefühle und Phantasien haben, die sie vor uns zurückhalten. Es geht nicht darum, ob das gut oder schlecht ist, sondern einzig darum, uns bewusst zu machen, dass uns selbst der engste Vertraute und der langjährigste Partner mitunter fremd sein kann und vielleicht auch bleiben wird.

Die eigenen Leichen im Keller

Kommen wir zunächst zu den Dingen, die wir an uns selbst befremdlich finden. Natürlich können wir dabei nur von befremdlichen Dingen reden und schreiben, die uns bewusst sind oder von denen wir zumindest eine Ahnung haben. Unbewusstes wird uns stets fremd bleiben, selbst dann, wenn wir unser Selbstbild durch Reflexion und Feedback immer wieder aktualisieren. Und die berühmten blinden Flecken werden wir durch diese Übung ebenfalls nicht enträtseln.

Aber denken Sie doch einmal darüber nach, welche Geheimnisse es in Ihrem Leben gibt, die Sie gar nicht oder nur ungern mit anderen teilen, aus welchen Gründen auch immer. Schreiben Sie zu jedem Geheimnis, wie klein oder groß es sein mag, einen eigenen Text. Dabei spielt es keine Rolle, ob Sie dieses Geheimnis noch nie jemanden oder nur wenigen ausgewählten Menschen mitgeteilt haben. Stellen Sie sicher, dass die Texte niemand anderem zugänglich sind, sofern Sie dies nicht wünschen. Wenn Sie sicher gehen wollen, dass die Texte nicht in unbefugte Hände gelangen, verbrennen Sie die Seiten nach dem Schreiben, Lesen und der eigenen Auseinandersetzung mit den Themen, die in den Texten stecken.

In der nächsten Übung möchte ich Sie bitten, eine Liste aller Ihrer Eigenschaften anzufertigen, die Sie an sich selbst vielleicht nicht besonders schätzen und bei einem ersten Kennenlernen wahrscheinlich nicht zeigen oder ansprechen würden. Denken Sie dabei bitte daran, dass die ganze Palette von Eigenschaften und Empfindungen menschlich ist und wir häufiger auf wenig gesellschaftsfähige Empfindungen treffen, als wir glauben und wünschen.

Nehmen wir nur einmal das Gefühl von Neid. Vielen Menschen fällt es schwer zuzugeben, dass sie neidisch sind. Dabei ist Neid zunächst ein Ausdruck des Wohlwollens. Jemand anderes hat etwas, das ich gut finde. Und ich hätte es auch gern. Problematisch wird es erst, wenn ich es dem anderen nicht gönne, weil ich es selbst nicht haben kann. Wenn ich es hingegen auch gern hätte, es dem anderen aber durchaus gönne, auch wenn ich es nicht haben kann, spreche ich gern von wohlwollendem Neid.

Bestimmte zwanghafte Eigenschaften, die uns allen nicht ganz fremd sein dürften, sind ebenfalls etwas, was wir vielleicht nicht gern erwähnen. Wie wir wahrscheinlich ebenfalls nicht damit hausieren gehen würden, wenn wir uns mitunter als engstirnig oder »bürgerlich« oder leicht aufbrausend empfinden.

Was immer es sein mag, schreiben Sie so aufrichtig wie möglich darüber. Insbesondere, wie es Ihnen mit der entsprechenden Eigenschaft geht und wie Sie mit dieser Eigenschaft im Kontakt mit anderen umgehen.

Befremden oder Erstaunen

Nachdem wir uns mit den eigenen befremdlichen Anteilen beschäftigt haben, möchte ich Sie einladen, über Situationen nachzudenken, in denen Ihnen Ihr Partner fremd oder unvertraut vorkam. Beschreiben Sie möglichst konkret, um welchen Kontext es ging, wie sich Ihr Partner verhalten hat und wie Sie sich gefühlt haben. Notieren Sie bitte auch, ob Sie mit Ihrem Partner in der Situation oder hinterher über dieses Befremden gesprochen haben.

Bitten Sie Ihren Partner, die gleiche Übung durchzuführen, und lassen Sie dabei offen, ob er die vorherige Übung in Bezug auf seine eigenen befremdlichen Anteile ebenfalls durchführen möchte.

Sowohl für Sie als auch für Ihren Partner gilt wie bei allen Übungen, dass die geschriebenen Texte weder gelesen noch ausgetauscht werden müssen. Dies gilt auch dann, wenn Sie zuvor vielleicht vereinbart hatten, die Texte auszutauschen. Denn mitunter gerät man während des Schreibens in unbekanntes Terrain oder offenbart Dinge, die man vielleicht nicht mitteilen möchte.

Wenn Sie die Texte austauschen oder über die Texte ins Gespräch kommen, denken Sie immer daran, dass es nicht darum geht, ein bestimmtes Verhalten Ihres Partners zu bewerten, sondern einzig darum, sich besser kennenzulernen. Gehen Sie neugierig und offen mit den Themen um, die Sie befremden. Vielleicht mögen Sie auch von Erstaunen sprechen, anstatt von Befremden.

Wie der Herr, so's Gescherr

Gleichen wir uns einander an in einer langjährigen Beziehung? Wer von uns hätte nicht schon einmal gedacht, dass langjährige Beziehungspartner irgendwie denselben Gesichtsausdruck an den Tag legen? Oder auf bestimmte Dinge auf ähnliche Weise reagieren? Oder vergleichbare Ansichten vertreten? Jedenfalls dann, wenn die Beziehung nicht verbittert ist, denn sonst lässt sich wohl eher das Gegenteil beobachten, weil die Beziehungspartner schon aus Prinzip gegenteiliger Meinung sind.

Man gebraucht das Sprichwort »Wie der Herr so's Gescherr« manchmal auch für Eltern und ihre Kinder. Oder es wird dann verwendet, wenn Eigenschaften und Verhaltensweisen eines Menschen durch Eigenschaften und Verhaltensweisen eines anderen in einer übergeordneten Position beeinflusst werden.

Gibt es etwas, das Sie erst machen, seit Sie Ihren Partner kennen? Dies können Hobbys sein, aber auch Gesten oder Verhaltensweisen. Sind Ihnen bestimmte Dinge aufgefallen, die Sie selbst denken oder sagen, die Sie an Ihren Partner erinnern? Notieren Sie alles, was Ihnen zu diesem Thema einfällt, und tauschen Sie sich mit Ihrem Partner darüber aus, wenn Sie mögen.

Spiegelneurone – die heimlichen Stars der Neuroszene

Sie haben sicher schon von den berühmten Spiegelneuronen gehört. Lange waren es die rekordverdächtigen Stars der Neurowissenschaften. Heute ist man sich allerdings nicht mehr sicher, ob sie wirklich so funktionieren, wie man die letzten Jahre angenommen hat, und ob es tatsächlich die Alleskönner sind, für die man sie zunächst gehalten hat.

Der Wirbel um die Spiegelneurone begann vor etwa fünfzehn Jahren. Damals entdeckten italienische Neurologen bei Affen spezielle Gehirnzellen, die sowohl beim eigenen Handeln aktiv sind als auch, wenn man Handlungen bei anderen beobachtet. Damit schien im Gehirn ein Korrelat gefunden zu sein für die Fähigkeit, andere Menschen und Handlungen zu verstehen und zu begreifen.

Man ging davon aus, dass Menschen, die eine Bewegung bei anderen sehen, diese im eigenen motorischen System gewissermaßen imitieren und dadurch fühlen und verstehen können, was in anderen Personen bei diesen Bewegungen vorgeht.

Allerdings existieren zur Funktion der Spiegelneurone teilweise unklare und auch widersprüchliche Belege. Eine Ungereimtheit ist beispielsweise, dass die Spiegelneurone bei Affen bereits aktiv sind, bevor sie die Bewegung bei anderen sehen. Dabei scheint es sich also eher um einen generellen Mechanismus zu handeln als um eine Imitation der gesehenen Bewegung.

Überdies findet die motorische Simulation auch dann statt, wenn Menschen bewegte Punkte oder Maschinen sehen, was dann wenig mit der Empathie zu tun hat, mit der die Spiegelneurone in den Medien oft in Zusammenhang gebracht wurden.

Deswegen ist man sich heute nicht mehr sicher, ob die Spiegelneurone tatsächlich für die Fähigkeit zum Verstehen und zur Empathie zuständig sind. Wenn dem so sein sollte, dann sind sie sicher nicht allein dafür verantwortlich, sondern in Verbindung mit anderen Netzwerken im Gehirn, wie etwa dem sozialen neuronalen Netzwerk.

Was hat das alles mit Ihrer Partnerschaft zu tun? Uns geht es ja um die Wechselwirkung zwischen dem Handeln und Denken Ihres Partners und Ihrer Reaktion darauf sowie um die Frage, ob Paare, die lange miteinander leben, sich einander angleichen und Handlungen beziehungsweise Verhaltensweisen ihres Partners schnell und gut nachvollziehen und verstehen können. Wenn das der Fall sein sollte, dann sicher nicht allein aufgrund der Spiegelneurone.

Warum Ihr Partner handelt, wie er handelt

Schreiben Sie mindestens zwei Texte. Im ersten Text beschreiben Sie eine konkrete Handlung Ihres Partners, die Sie gut nachvollziehen können und bei der Sie das Gefühl haben, zu wissen, warum Ihr Partner handelt, wie er handelt, und was seine Beweggründe dafür sind.

Im zweiten Text machen Sie dasselbe mit einer Handlung Ihres Partners, die Sie nicht nachvollziehen und verstehen können. Und auch wenn Sie die konkrete Handlung in diesem Fall nicht verstehen können, fragen Sie sich dennoch, was seine Beweggründe und Gedanken sein könnten, und notieren diese.

Fragen Sie im Anschluss an das Schreiben Ihren Partner nach seinen wahren Beweggründen für sein Handeln für die beiden Fälle, die Sie in Ihren Texten beschrieben haben, und gleichen Sie diese mit dem ab, was Sie geschrieben haben.

Wenn Sie mögen, bitten Sie Ihren Partner, diese Übung ebenfalls durchzuführen. Man könnte die Übung auch als Realitätscheck bezeichnen. Und vielleicht trägt sie ja dazu bei, dass Sie bestimmte Verhaltensweisen Ihres Partners besser verstehen und umgekehrt.

Beständig verändert?

Nun haben wir gemeinsam über das Thema Vertrautheit und über Gewohnheiten nachgedacht und geschrieben. Da ist es naheliegend, auch über die andere Seite von Ritualen und Gewohnheiten nachzudenken, nämlich über Entwicklung und Veränderung.

Entwicklung und Veränderung sind feste Bestandteile des menschlichen Lebens und haben somit ihren Platz auch in jeder Partnerschaft. Wer hätte nicht schon einmal gehört oder vielleicht sogar selbst gesagt, dass man sich eben auseinanderentwickelt hätte? Oder aber die gegenteilige Aussage, dass man sich gemeinsam entwickelt hat. Wobei Letzteres seltener angemerkt wird, weil es vielleicht als selbstverständlich genommen wird, da es zentraler Bestandteil lang dauernder Beziehungen ist.

Doch Entwicklung in einer Partnerschaft will immer auch gestaltet sein, damit sie von beiden Partnern vollzogen oder wenigstens nachvollzogen werden kann. Bleibt dies aus, besteht in der Tat die Gefahr, sich auseinanderzuentwickeln.

Veränderung ist auch Abschied

Jeder Veränderung geht gewissermaßen ein kleiner Abschied voraus. Etwas Vertrautes wird aufgegeben, um Platz für etwas Neues zu schaffen. Wie wir mit Veränderungen umgehen, hängt maßgeblich davon ab, wie wir gelernt haben, mit Abschied umzugehen, und was Abschiede für uns bedeuten.

Stellen Sie sich vor, dass Sie in einem fremden Land in Urlaub sind. Es gefällt Ihnen sehr gut, Sie fühlen sich wohl und sind entspannt. Zugleich hat die fremde Umgebung Sie auf angenehme Weise angeregt. Doch der Urlaub ist zu Ende und Sie müssen nach Hause. Beschreiben Sie so konkret wie möglich, wie Sie Abschied von Ihrem Urlaubsort nehmen und vielleicht von Menschen, die Sie dort kennengelernt haben.

Im nächsten Text bitte ich Sie, darüber nachzudenken, ob es in Ihrem Leben Abschiede gab, die Ihnen besonders viel Mühe bereitet haben. Oder Verluste beziehungsweise Trennungen, unter denen Sie heute noch leiden. Können Sie beschreiben, was es in diesen Fällen so schwer macht loszulassen? Und was Ihnen beim Loslassen unter Umständen helfen könnte?

Gab es im Unterschied dazu in Ihrem Leben Abschiede, die Ihnen zwar schwergefallen, aber dennoch gelungen sind? Können Sie beschreiben, was in diesen Fällen den Abschied auf gute Weise ermöglich hat?

Tausche Gewohnheit gegen Neuheit

Welche Ihrer Gewohnheiten würden Sie für welche Neuerung aufgeben? Denken Sie dabei nicht an unliebsame Dinge, die man gern eintauscht, sondern an Gewohnheiten, die Ihnen wichtig sind, die aber vielleicht aufgegeben werden müssen, damit etwas Neues Raum finden kann.

 Wenn Sie eine Gewohnheit gefunden haben, die Sie aufzugeben bereit sind, beschreiben Sie bitte, seit wann Sie diese Gewohnheit haben, was Sie mit ihr verbinden und wie Sie sich von ihr verabschieden. Dabei müssen Sie in diesem Text noch nicht wissen, für welche Neuheit Sie die Gewohnheit aufgeben wollen. Vorerst geht es nur ums Abschiednehmen.

Machen Sie die Übung zunächst für sich allein und bitten Sie dann Ihren Partner, die Übung mit Ihnen zusammen zu machen. Dafür notiert jeder von Ihnen zunächst separat Gewohnheiten, die Sie als Paar gemeinsam haben. Vergleichen Sie in einem zweiten Schritt die Gewohnheiten, die Sie beide notiert haben, und legen Sie dabei besonderes Augenmerk auf Gemeinsamkeiten und Unterschiede und fragen Sie sich, was diese zu bedeuten haben.

Dann verständigen Sie sich, welche Gewohnheiten Ihnen so wichtig sind, dass sie unbedingt beibehalten werden sollen, welche Sie leichten Herzens aufgeben können und welche Sie zwar aufzugeben bereit wären, aber dennoch schätzen.

Sowohl die Gewohnheiten, die Sie leichten Herzens aufgeben können, als auch die, die sie unbedingt beibehalten wollen, bedürfen vorerst keiner weiteren Überlegung. Erstere stellen Sie ein, letztere behalten Sie bei. Doch die Gewohnheiten, die Sie aufzugeben bereit wären, auch wenn es Sie schmerzt, sind die, die Sie sich anschauen sollten.

Überlegen Sie sich, was Sie gemeinsam Neues machen würden, sofern Sie diese Gewohnheiten aufgeben würden. Für jede dieser Gewohnheiten suchen Sie eine Neuheit und entscheiden am Ende, welche Gewohnheit Sie zuerst für welche Neuheit opfern wollen. Wählen Sie dabei immer nur eine Gewohnheit und Neuheit zu einer Zeit.

Testen Sie, wie es Ihnen beiden damit geht, immer in der Gewissheit, dass Sie die Entscheidung auch rückgängig machen können. Fahren Sie mit dem Austausch von Gewohnheiten und Neuheiten so lange fort, wie Sie beide es für sinnvoll und stimmig halten.

Wie nah wir uns sind

*»Wir standen uns so nah, dass es zwischen uns
keinen Platz mehr gab für Gefühle.«*
(Stanislaw Jerzy Lec)

Alles autonom oder was?

Der Begriff »Autonomie« stammt aus dem Griechischen und bezeichnet einen Zustand der Selbstbestimmung und Unabhängigkeit.

Das Wort hat seinen Ursprung in der Rechtswissenschaft und meint dort das Recht einer natürlichen oder juristischen Person zur Regelung der eigenen Rechtsverhältnisse. Der Begriff wurde erstmals 446 vor Christus im Friedensvertrag zwischen Athen und Sparta nachgewiesen, wo er das Recht der Staaten beschrieb, ihre inneren Angelegenheiten unabhängig von einer anderen Macht zu bestimmen und zu regeln.

In der Philosophie wird unter Autonomie die Fähigkeit verstanden, sich als Wesen zu begreifen, das frei handelt. Der Begriff der Autonomie ist dabei eng mit der Idee der Willensfreiheit verbunden, wobei der Mensch sein moralisches Verhalten selbst zu steuern und zu verantworten hat und sich nach allgemeinverbindlichen Regeln und Prinzipien richten muss.

Der Psychiater Eric Berne, der auch der Begründer der Transaktionsanalyse ist, sieht das Ziel seiner therapeutischen Arbeit in der Autonomie seiner Patienten. Er versteht darunter die Möglichkeit eines Menschen, zugleich Spontaneität und Bewusstheit zu erleben sowie Intimität zu erfahren.

Idealerweise bringen autonome Erwachsene ihr Potenzial in eine Beziehung ein und entscheiden selbstbestimmt über ihr Fühlen, Denken und Handeln, natürlich immer unter angemessener Berücksichtigung des anderen und der jeweiligen Situation. Hinter dieser idealen Auffassung steht die Idee des grundsätzlichen Getrenntseins und der Eigenständigkeit beider Partner, so dass diese in völliger Freiheit entscheiden können, ob sie sich aufeinander zu oder voneinander weg bewegen wollen.

Doch selbst wenn wir das verstehen und bejahen, ist es zunächst nur eine Idee, die sich mitunter schwerer umsetzen lässt, als man sich das wünscht. Denn natürlich hat jeder von uns Erwartungen, die in Partnerschaften meist noch stärker ausgeprägt sind als in Freundschaften. Dabei sind nicht alle Erwartungen bewusst oder werden ausgesprochen, sondern mindestens so oft sind Erwartungen vorhanden, die nur unterschwellig spürbar sind, die die Partnerschaft aber stark beeinflussen.

In einer gleichberechtigten Beziehung besitzen beide Partner emotionale Autonomie. Das bedeutet unter anderem, dass sie in der Lage sind, aufkommende Gefühle von Angst und Verlassenheit auszuhalten, was sie emotional unabhängig macht. Dies ist allerdings nicht immer der Fall. Manchmal können so starke Verlassenheitsängste auftreten, dass eine Trennung als existenziell bedrohlich erlebt wird, was die emotionale Autonomie einschränkt.

Meist handelt es sich dabei um Ängste aus der Kindheit, die in einer Trennungssituation wieder aufleben könnten, mitunter bereits, wenn eine Trennung nur phantasiert wird. Die dadurch beeinträchtigte emotionale Autonomie des einen Partners kann in der Folge das partnerschaftliche Gleichgewicht stören.

Wie ergeht es Ihnen mit diesem Thema? Haben Sie Angst, verlassen zu werden? Was würde passieren, wenn Ihr Partner Sie verlässt? Wie würde die erste Woche Ihres Lebens ohne Ihren Partner aussehen? Versuchen Sie so spontan und konkret wie möglich zu schreiben. Der Text ist zunächst nur für Sie bestimmt. Ob Sie das Thema danach mit Ihrem Partner besprechen, können Sie später entscheiden.

Notieren Sie in einem zweiten Schritt bitte Dinge, die Sie unabhängig von Ihrem Partner machen, und solche, die Ihr Partner unabhängig von Ihnen macht. Gibt es Bereiche, in denen Sie gern noch ein wenig unabhängiger wären, mehr Sachen für sich oder außerhalb der Beziehung machen würden? Wie geht es Ihnen mit dem, was Sie notiert haben? Welche Gefühle löst es aus?

Zusammen und doch für sich

Kennen Sie dieses wunderbare Gefühl, mit einem anderen Menschen zusammen und doch für sich zu sein? Vielleicht wollen Sie es einmal schreibend ausprobieren. Setzen Sie sich zusammen mit Ihrem Partner

auf den Marktplatz, in ein Café oder wohin Sie mögen und lassen Sie
sich und Ihre Gedanken treiben.

Wenn Sie mögen, notieren Sie, was Ihnen gerade durch den Kopf
geht oder wie es Ihnen mit der Situation ergeht, wie Sie sich fühlen
und erleben. Halten Sie zwischendurch immer wieder inne, nehmen
Sie die Atmosphäre auf und schreiben Sie weiter, sobald Ihnen danach
ist, und Ihr Partner macht das Gleiche.

Reichen Sie Ihrem Partner Ihre Notizen, wenn Sie das Gefühl haben,
dass Sie ihn an Ihren Gedanken und Gefühlen teilhaben lassen wollen.
Wenn nicht, fühlen Sie sich frei, das Geschriebene für sich zu behalten.
Dabei besteht auch kein Zugzwang in dem Sinn, dass Sie Ihre Texte
austauschen müssen.

Vielleicht wollen Sie auch schreiben und zwischendurch reden oder
gar nicht schreiben. Was immer gerade ist, ist in Ordnung. Beisammen
sein und doch jeder für sich. Die Anwesenheit des anderen wahrnehmen, aber nicht als Verpflichtung empfinden.

Seit Jahren streiten Produzenten und Verbraucherschützer darum,
ob zu viel Luft im Speiseeis ist. Einig sind sich alle, dass Luft im Eis
sein muss, damit es cremig wird und nicht klumpt. Die Verbraucherschützer werfen den Herstellern allerdings vor, sie würden zu viel
Luft in das Eis machen, weil sie es auf diese Weise billiger produzie-
ren könnten. Nun könnte man den Preis von Speiseeis natürlich in
Zukunft nach dem Gewicht und nicht nach dem Volumen berech-
nen und hätte das Problem gelöst.

Aber warum schreibe ich in einem Buch über kreatives Schreiben
in der Partnerschaft überhaupt von einem Streit der Speiseeisher-
steller? Noch dazu im Kapitel zu Nähe und Distanz? Ganz einfach:
weil es in einer Beziehung ähnlich ist. Wir brauchen eine gewisse
Menge Luft in unserer Beziehung, eine bestimmte Distanz, die beiden Partnern Frei-, Bewegungs- und Spielräume eröffnet. Ist allerdings zu viel Luft und damit zu viel Distanz in der Partnerschaft,
kann die Beziehung ebenfalls darunter leiden, Nähe und Intimität
können verloren gehen.

Auch die Beziehungspartner werden in der Diskussion der Spei-
seeishersteller mit den Verbraucherschützern gut abgebildet. Denn
jeder Mensch hat ein unterschiedliches Bedürfnis nach Nähe und

Distanz und gute Argumente für seinen jeweiligen Standpunkt, genau wie die Parteien im Speiseeisstreit.

Aber wie wir feststellen müssen, gibt es viele Arten, Eis herzustellen, mit viel oder wenig Luft, mit einem Luftgehalt, der dazwischen liegt, oder mit einem spezifischen Luftgehalt für jede Geschmackssorte. Und es gibt Lösungen, auf die man zunächst nicht kommt und die beide Parteien zufriedenstellen könnten.

In Beziehungen braucht es für jeden Partner in verschiedenen Situationen und Lebensphasen ebenfalls ein bestimmtes Maß an Nähe und Distanz, das immer wieder aufs Neue angepasst und abgestimmt werden muss. Auch hier geht es wie immer nicht um ein richtiges oder falsches Maß an Nähe und Distanz, sondern darum zu sehen, was der jeweilige Partner in jeder Situation braucht und wie man ein Maß finden kann, das für beide stimmig ist.

Es geht darum, einander kennen und respektieren zu lernen und ebensolche kreativen Lösungen zu finden wie die im Speiseeisstreit. Dies ist insbesondere dann erforderlich, wenn die Bedürfnisse nach Nähe und Distanz beider Partner sehr unterschiedlich sind.

Die Medaille Nähe und Distanz

Annäherung und Rückzug sind grundlegende Dimensionen unseres Seins. Der Psychologe Markus Fischer beschreibt es als einen ewigen Tanz zwischen Nähe und Distanz, dem wir uns nicht entziehen können, und sieht in einem nicht gelungenen Tanz die Hauptursache dafür, dass Beziehungen auseinandergehen, private wie berufliche, partnerschaftliche wie freundschaftliche.

Dieser Nähe-Distanz-Tanz nimmt seinen Anfang bereits in der frühen Mutter-Kind-Beziehung respektive Vater-Kind-Beziehung. Schon als Baby nehmen wir Kontakt zur Mutter oder zum Vater auf, interagieren mit ihr oder ihm, brechen den Kontakt ab, beschäftigen uns mit uns selbst und nehmen wieder Kontakt auf. Der Zyklus beginnt von vorn und dient sowohl dazu, Selbstempfinden aufzubauen als auch soziale Fertigkeiten zu trainieren. Glücklich die Babys, deren Eltern es verstehen, den Rhythmus des Babys aufzunehmen und sich darauf einzuschwingen.

Wird das kindliche Bedürfnis nach Nähe und Distanz hingegen nicht angemessen beantwortet, kann es zu Störungen in der Nähe-Distanz-Regulierung kommen. Wird dem Wunsch nach kindlicher Nähe nicht nachgegeben, können daraus Verlassensängste resultieren. Wird hingegen der kindliche Wunsch nach Distanz nicht ausreichend berücksichtigt, kann das zu einem Gefühl der Enge und Vereinnahmung führen.

Der Tanz im Erwachsenenalter

Auch als Erwachsener haben wir sowohl das Bedürfnis nach Nähe als auch nach Distanz. Nähe in der Partnerschaft ist notwendig, damit beide Partner ihre verletzlichen Anteile einbringen können. Dem gegenüber steht das Bedürfnis nach Distanz und Raum für sich selbst, einem Raum, in dem Selbstkontakt und Selbsterfahrung möglich sind.

Jeder Mensch hat also sowohl ein Grundbedürfnis nach Nähe als auch nach Distanz, wenn auch in unterschiedlicher Ausprägung. Was die Nähe-Distanz-Regulierung in der Partnerschaft schwierig machen kann, sind die mitunter unterschiedlichen Rhythmen, in denen die Beziehungspartner zwischen den Nähe-Distanz-Polen pendeln. Diese Asynchronität der Pendelbewegungen und das unterschiedliche Maß, in dem der jeweilige Partner Nähe und Distanz benötigt, machen es erforderlich, die Bedürfnisse so auszubalancieren, dass es für beide Partner stimmig ist.

Um diese Herausforderung zu bewältigen, muss man wissen, in welchem Maß die Bedürfnisse vorhanden sind, und sich darüber verständigen. Zentral ist dabei nicht unbedingt, in Übereinstimmung zu kommen, sondern zu verstehen, was der andere braucht, ihn in seinen Wünschen und Bedürfnissen wahr- und ernst zu nehmen. Dies führt dazu, dass der andere sich gesehen fühlt und seine Wünsche und Bedürfnisse als angemessen empfindet, auch wenn sie nicht (immer) befriedigt werden.

Das Ein-Wochen-Experiment

Ich möchte Sie bitten, sich zusammen mit Ihrem Partner auf ein einwöchiges Experiment einzulassen. Dieses sieht folgendermaßen aus: Immer wenn Sie das Bedürfnis nach Nähe oder Distanz verspüren, teilen Sie dies Ihrem Partner mit. Wichtig ist, dass Sie es nicht in der

Erwartung tun, dass es befriedigt wird, sondern um Ihren Partner daran teilhaben zu lassen – wie Ihr Partner Sie ebenso an seinem jeweiligen Nähe-Distanz-Bedürfnis teilhaben lässt.

Sollte sich daraus eine Übereinkunft zu Nähe oder Distanz ergeben, können Sie dem natürlich nachkommen. Sollten die Bedürfnislagen jedoch unterschiedlich sein, würde ich Ihnen für diese eine Woche empfehlen, dass jeder bei seinem Bedürfnis bleibt, ohne dass ein Kompromiss gefunden werden muss.

Nachdem Sie dieses Verhalten eine Woche lang getestet haben, würde ich Sie beide bitten, einen Text darüber zu schreiben, wie es Ihnen damit ergangen ist. Wenn Sie das Gefühl haben, eine Woche reicht nicht, um etwas herauszufinden, verlängern Sie den Experimentierzeitraum. Wichtig ist, dass Sie offen kommunizieren, welches Nähe-Distanz-Bedürfnis beim jeweiligen Partner gerade vorhanden ist, ohne den Druck zu empfinden, dieses Bedürfnis bedienen zu müssen.

Lesen Sie sich die aus dem Experiment entstandenen Texte wechselseitig vor und ziehen Sie eine vorläufige Bilanz. Diese ist so individuell, wie Ihre Beziehung individuell ist, weswegen ich an dieser Stelle keine Beispiele geben werde, um Sie nicht zu beeinflussen. Vielleicht entscheiden Sie auch, dass Sie das Experiment unter anderen Vorzeichen wiederholen, wie etwa, dass Sie sich weiterhin über Ihre Nähe-Distanz-Bedürfnisse austauschen, aber dann vielleicht versuchen, einen Kompromiss zu finden.

Wichtig ist, dass Sie beide das Ganze als Experiment betrachten. Und zum Experiment gehören Ergebnisoffenheit und das Wissen darum, dass das Experiment auch scheitern kann oder sich als nutzlos herausstellt, was dann nicht als wie auch immer geartete Prognose für Ihre Beziehung missverstanden werden sollte.

Räume des Seins in einer Beziehung

Manchmal werden Dinge klarer, wenn wir uns ein Bild davon machen können. In einer Beziehung gibt es vereinfacht dargestellt drei Räume: der Raum des Ich, der Raum des Du und der des Wir. Im Raum des Ich bin ich ganz bei mir, im Raum des Du bin ich bei dem anderen und im Raum des Wir kann es gelingen, dass ich sowohl bei mir als auch bei dem anderen bin.

Beschreiben Sie, wie diese Räume innerhalb Ihrer Partnerschaft aus-
gestaltet sind. Welchen Anteil hat jeder Raum, ausgehend von hundert
Prozent für alle drei Räume? Schreiben Sie so konkret wie möglich,
wie diese Räume aussehen und was in ihnen passiert. Wie gefällt es
Ihnen in den einzelnen Räumen und empfinden Sie diese als groß
genug, ausreichend belebt oder vielleicht zu voll? Schreiben Sie alles,
was Ihnen dazu einfällt. Dabei dürfen Ihre Gedanken ruhig von Raum
zu Raum springen.

Bitten Sie Ihren Partner, die gleiche Übung durchzuführen, und
verständigen Sie sich anschließend darüber. Betrachten Sie hierbei
insbesondere die wahrscheinlich unterschiedlichen Beschreibungen
des Wir-Raumes.

Wie nah ist nah genug?

Zu Beginn einer Beziehung, in der Phase der Verliebtheit, kann es
beiden Partnern in der Regel nicht nah genug sein. Doch sobald
die erste Verliebtheit nachlässt, müssen die Nähe-Distanz-Verhält-
nisse neu bestimmt werden und es wird deutlich, dass jeder Partner
unterschiedliche Nähe- und Distanzbedürfnisse hat.

 Wie schätzen Sie sich selbst ein? Sind Sie eher jemand, der viel Nähe
braucht? Oder gehören Sie zu den Menschen, die Freiraum brauchen
und gern viel Zeit mit sich selbst verbringen? Wie äußern sich Ihre
Nähe- und Distanzbedürfnisse? Bringen Sie diese konkret zum Ausdruck oder gibt es bestimmte Signale, die von anderen, insbesondere
von Ihrem Partner, erkannt werden können?

Schreiben Sie einen Text zu diesen Fragen und fragen Sie sich
zugleich, ob das in allen Ihren Partnerschaften so war oder sich vielleicht verändert hat. Sofern es eine Veränderung gibt, können Sie vielleicht sagen, warum und wann es zu dieser Veränderung kam.

Dann widmen Sie sich im nächsten Text Ihrem Partner. Wie würden
Sie Ihren Partner beschreiben, wenn es um die Einordnung des Nähe-
und Distanzbedürfnisses geht? Woran machen Sie die Einordnung
fest? Versuchen Sie konkrete Situationen zu beschreiben. Wenn Sie
unterschiedliche Bedürfnisse haben, was Nähe und Distanz angeht,
beschreiben Sie bitte, wie Sie damit umgehen.

Dann bitte Sie Ihren Partner, die gleiche Übung zu machen. Dadurch erfahren Sie wechselseitig etwas über Ihre Nähe- und Distanzbedürfnisse und erhalten gleichzeitig eine Fremdeinschätzung, in der Sie erfahren, ob es für Ihren Partner erkennbar ist, was Ihre Bedürfnisse sind. Sie können sich die Texte vorlesen oder einfach über den Inhalt und Ihre Erfahrungen beim Schreiben reden.

Liebevolle Abgrenzung

Vielen Menschen fällt es schwer, sich abzugrenzen. Sie haben Angst, den anderen zu verletzen oder wegzuschieben. Oder sie sind es aus der Vergangenheit gewohnt, Dinge und Aufgaben zu übernehmen, die nicht in ihre Verantwortung fallen, oder sich Themen überstülpen zu lassen, die nichts mit ihnen zu tun haben.

Dabei geht es bei Abgrenzung zunächst nicht darum, den anderen auf Distanz zu halten, sondern primär darum, sich Raum und Zeit für sich selbst zu verschaffen, auf sich selbst zu achten, sich von Verantwortungen zu befreien, die nicht in den eigenen Verantwortungsbereich fallen, und nicht immer fremde Aufgaben oder sogar fremde Schuld auf sich zu nehmen.

Notieren Sie einen Bereich, in dem es Ihnen gut gelingt, sich von Ihrem Partner abzugrenzen, und einen Bereich, in dem es Ihnen weniger gut gelingt. Notieren Sie für beide Bereiche ein Beispiel aus den letzten Wochen und schreiben Sie dabei möglichst konkret. Sehen Sie sich beide Texte an und schreiben Sie einen dritten Text darüber, inwiefern sich die beiden Situationen unterscheiden.

Lernen, Nein zu sagen

Jeder Mensch hat nur begrenzt Energie und Zeit zur Verfügung. Und jeder Mensch hat eigene Themen und Aufgaben, denen er sich widmen muss. Daraus ergibt sich zwangsläufig die Notwendigkeit auszuwählen, wofür man seine Zeit und Mittel einsetzt. Aber nicht nur die Notwendigkeit ergibt sich daraus, sondern zugleich das Recht, Themen und Aufgaben anderer Menschen abzulehnen.

Natürlich kann man anderen Menschen bei ihren Themen und Aufgaben helfen und versuchen, Probleme eine Zeitlang mitzutragen. Dabei gilt es aber immer abzuwägen, ob die eigene Kraft dafür reicht.

Zudem können wir Probleme von anderen ohnehin nicht lösen und letztlich trägt jeder für sich selbst Verantwortung.

Nein zu sagen, ist aber nicht nur ein Schutz für die eigene Person und eine Beachtung der eigenen Grenzen, sondern zugleich eine Art Wertschätzung des Gegenübers. Denn indem ich es ablehne, die Verantwortung für einen anderen Menschen zu übernehmen, signalisiere ich ihm zugleich, dass ich darauf vertraue, dass er seine Aufgaben und Probleme allein bewältigen kann.

Wann haben Sie das letzte Mal Nein gesagt? Notieren Sie mindestens zwei konkrete Situationen und beschreiben Sie, wie es Ihnen damit erging. Ob Sie ein schlechtes Gewissen hatten oder es Ihnen gut getan hat, sich abzugrenzen. Hatten Sie das Gefühl, sich rechtfertigen oder erklären zu müssen, oder konnten Sie das Nein einfach stehen lassen? Und wie hat Ihr Gegenüber reagiert?

Aufgaben- und Rollenübernahmen

Notieren Sie in dieser Übung zunächst alle Aufgaben, die Sie in Ihrer Partnerschaft übernehmen. Das mögen kleinere oder größere Aufgaben sein, praktische sowie ideelle Aufgaben. Das heißt, vielleicht haben Sie sich die Aufgaben des Alltags eingeteilt, so dass jeder einen Teil davon übernimmt, aber vielleicht haben Sie sich auch andere, weniger greifbare Aufgaben aufgeteilt, wie etwa das Zuhören und Reden, das Unterstützen und das Unterstützung Einfordern oder Ähnliches. Notieren Sie alles, was Ihnen einfällt. Sortieren können Sie später.

In einem zweiten Schritt unterstreichen Sie alle Aufgaben, die Sie nicht hätten, wenn Sie allein leben würden, also Aufgaben, die nur dadurch entstehen, dass Sie in einer Partnerschaft leben. Sehen Sie sich die Unterstreichungen an und notieren Sie, was Ihnen auffällt, was Sie empfinden. Schreiben Sie dabei bitte so spontan wie möglich, ohne zu werten oder Rechnungen aufzustellen, was an Aufgaben durch die Beziehung vielleicht auch wegfällt, weil Ihnen Ihr Partner diese abnimmt oder Ähnliches.

Jetzt führen Sie die gleiche Übung statt mit Aufgaben mit Rollen durch. Welche Rollen übernehmen Sie in Ihrer Partnerschaft? Die der Verständnisvollen? Der Geliebten? Der Starken? Der Schwachen? Vielleicht eine Rolle mit mütterlichen Anteilen? Und umgekehrt: die Rolle des Verständnisvollen? Des Geliebten? Des Starken? Des Schwachen? Vielleicht eine Rolle mit väterlichen Anteilen? Auch hier unterstreichen Sie in einem zweiten Schritt, welche Rollen spezifisch für Ihre Partnerschaft sind. Denn bestimmte Rollen nehmen Sie wahrscheinlich auch in Freundschaften ein oder am Arbeitsplatz. Doch einige der notierten Rollen sind sicherlich ausschließlich für Ihre Partnerschaft typisch.

Sehen Sie sich auch für diesen Fall die Unterstreichungen an und schreiben Sie einen Text, was Ihnen daran auffällt, wie es Ihnen mit dem Notierten geht, was Sie darüber denken und was es an Empfindungen auslöst.

Diese Übung können Sie zunächst für sich allein machen. Sollten Sie Ihren Partner in einem späteren Schritt bitten, die gleiche Übung durchzuführen, empfiehlt es sich, sich nicht wechselseitig die Listen zu zeigen, weil das mitunter zu unfruchtbaren Diskussionen führt. Hilfreicher erscheint es in diesem Fall, sich über das Erleben während und nach der Übung auszutauschen.

Wie wir reden wollen

»Alle reden von Kommunikation,
aber die wenigsten haben sich etwas mitzuteilen.«
(Hans Magnus Enzensberger)

Am Anfang war das Wort

Schon im Mutterleib kommunizieren wir mit unserer Umwelt. Kommunikation ist die Basis jeder zwischenmenschlichen Beziehung und obwohl die Sprache eine besondere Fähigkeit des Menschen darstellt, umfasst Kommunikation weit mehr als Sprechen. Es wird sogar angenommen, dass die nonverbale Kommunikation einen größeren Anteil hat als die verbale. Wenn Ihnen jemand freudestrahlend und mit sanfter Stimme mitteilt, was für ein Arschloch Sie sind, werden Sie eine Weile brauchen, um das Verbale der Botschaft zu verstehen, so stark wirken das offene Gesicht und die Stimme, also die nonverbalen Anteile der Nachricht.

Der Begriff »Kommunikation« kommt von dem Lateinischen *communicare* und bedeutet so viel wie teilen, mitteilen, teilnehmen lassen und gemeinsam machen. Es bezeichnet auf der menschlichen Alltagsebene ein gemeinschaftliches Handeln, in dem Gedanken, Ideen, Wissen, Erkenntnisse und Erlebnisse sowohl entstehen als auch geteilt beziehungsweise mitgeteilt werden.

Kommunikation basiert auf der Verwendung von Zeichen in Sprache, Schrift und Bild, auf Gestik und Mimik und dient der Aufnahme, dem Austausch und der Übermittlung von Informationen zwischen zwei oder mehreren Personen. Im technischen Sinn umfasst Kommunikation das wechselseitige Übermitteln von Daten und Signalen, die für den Empfänger eine festgelegte Bedeutung haben.

Kommunikation als Prozess

Kommunikation kann als Prozess verstanden werden, in dem mehrere Menschen versuchen, sich zu verständigen. Um diesen Prozess besser zu verstehen, wurden unterschiedliche Kommunikationsmodelle und -theorien entworfen, die helfen sollen, zu erklären, was Kommunikation ist und wie sie funktioniert.

Ein oft zitiertes Kommunikationsmodell, das von Shannon und Weaver stammt, orientiert sich am rein technischen Vorgang der Informationsübermittlung als linearem Prozess, in dessen Mittelpunkt das Signal steht. Auf der einen Seite befindet sich ein Sender, der ein Signal ausstrahlt, auf der anderen ein Empfänger, der das Signal aufnimmt.

Andere Modelle wie die fünf Axiome von Watzlawick und die vier Seiten einer Nachricht von Schulz von Thun stellen die zwischenmenschliche Beziehung in den Mittelpunkt der Kommunikation. Diese Modelle wollen wir uns exemplarisch näher ansehen, weil sie für unser Thema der Kommunikation in Beziehungen am besten geeignet scheinen und den meisten Menschen bereits in einigen Aspekten bekannt sind.

Man kann nicht nicht kommunizieren

Der Philosoph und Psychologe Paul Watzlawick entwickelte eine Kommunikationstheorie, die auf fünf pragmatischen Annahmen aufbaut, den sogenannten Axiomen. Diese Axiome liefern gewissermaßen einfache Regeln für eine funktionierende Kommunikation. Laut Watzlawick haben Kommunikationsstörungen ihre Ursache meist in der Verletzung einer dieser Regeln.

Sicher kennen Sie Watzlawicks berühmten Satz, dass man nicht nicht kommunizieren kann. Damit wollte er zum Ausdruck bringen, dass zwei Personen ganz automatisch miteinander kommunizieren, sobald sie sich gegenseitig wahrnehmen, da jedes Verhalten kommunikativen Charakter hat. Und weil es zum Verhalten kein Gegenteil gibt, man sich also nicht nicht verhalten kann, ist es auch unmöglich, nicht zu kommunizieren. Damit umfasst das Modell sowohl verbale als auch nonverbale Kommunikationsanteile.

Nachrichtenquadrat nach Schulz von Thun

Friedemann Schulz von Thun, dessen dreibändiges Werk »Miteinander reden« sehr bekannt geworden ist, arbeitet in seinem »Nachrichtenquadrat« und im »Vier-Ohren-Modell« die Zusammenhänge und Unterschiede zwischen Inhalts- und Beziehungsaspekten einer Kommunikation heraus.

Schulz von Thun unterscheidet dabei vier unterschiedliche Botschaften. Der erste Teil der Botschaft bezieht sich auf den Sachinhalt.

In diesem Teil der Botschaft geht es um die Sache an sich, das heißt, eine Sachinformation wird ausgetauscht. Der Sachinhalt bezieht sich lediglich auf das, worüber jemand informiert. Dabei handelt es sich um eine weitgehend neutrale und wertfreie Aussage.

Dann gibt es die sogenannte Selbstoffenbarung, die zum Inhalt hat, was der Sprecher von sich offenbart, also was er durch seine Aussage über sich verrät. Die Selbstoffenbarung in der Nachricht ist vielen Menschen nicht bewusst oder geläufig. Schulz von Thun sagt dazu:»Wenn einer etwas von sich gibt, gibt er auch etwas von sich.«

Der dritte Botschaftsanteil ist der Appellaspekt. Er beschreibt, wozu jemand durch die Botschaft veranlasst werden soll, was mit der Botschaft erreicht werden soll. Die Idee des Appells ist hierbei weit gefasst. Ein Appell kann schon sein: »Hör mir zu.«

Der vierte Aspekt betrifft die Beziehungsebene. Auf dieser wird durch die Botschaft deutlich, wie Sender und Empfänger zueinander stehen und was sie voneinander halten. »Die Ampel ist rot« ist zunächst eine Sachinformation. Wenn diese allerdings von einem Ehemann zu seiner Frau gesagt wird und dieser dafür bekannt ist, am Fahrstil seiner Frau herumzunörgeln, bekommt die Sachinformation auf der Beziehungsebene eine andere Bedeutung. Die Ehefrau wird dann nicht mehr nur die Sachinformation hören, sondern vielleicht einen Vorwurf oder sogar den Appell, auf die Bremse zu treten, was wiederum eine Reaktion auf der Beziehungsebene nach sich zieht, wie etwa: »Fahre ich oder fährst du?«

Vier-Ohren-Modell

Entsprechend den vier Ebenen kann jede Nachricht symbolisch mit vier Ohren empfangen werden. Je nachdem, auf welchem Ohr der Empfänger hört, ist seine Empfangstätigkeit eine andere. Den Sachinhalt versucht er zu verstehen. Hört er die Nachricht auf dem Selbstoffenbarungsohr, versucht er Informationen über den Sprecher herauszufiltern. Die Auswertung auf dem Appellohr geschieht unter der Fragestellung, was der Sprecher vom Empfänger will, und auf dem Beziehungsohr fragt der Empfänger sich, wie der Sender zu ihm steht, was er von ihm hält und wie er sich von ihm behandelt fühlt.

Als Sender von Mitteilungen funktionieren wir auf allen vier Ebenen gleichzeitig und eine erfolgreiche Kommunikation ist nur dann gewährleistet, wenn wir alle Ebenen beherrschen. Was nach Schulz von Thun die Kommunikation kompliziert macht, ist die prinzipiell freie Auswahl des Empfängers, auf welchem Ohr er die Nachricht hören und wie er dementsprechend darauf reagieren will. Dabei ist die Reaktion ein Resultat des Wechselspiels zwischen der gesendeten Nachricht und dem psychischen Boden, auf den sie fällt.

Schulz von Thun praktisch

Versuchen Sie sich an konkrete Gespräche in Ihrer Partnerschaft aus der näheren Vergangenheit zu erinnern. Notieren Sie, was Ihnen von den Gesprächen in Erinnerung geblieben ist, am besten in Dialogform. Verwenden Sie für jedes Gespräch ein eigenes Blatt.

Dann analysieren Sie die Gespräche entsprechend dem Nachrichtenquadrat und dem Vier-Ohren-Modell von Schulz von Thun. Wer hat was auf welcher Ebene gesagt und mit welchem Ohr wurde es gehört? Versuchen Sie herauszufinden, welchen Einfluss das auf den weiteren Gesprächsverlauf hatte.

Versuchen Sie in den nächsten Gesprächen mit Ihrem Partner darauf zu achten, was auf welcher Ebene gesagt und mit welchem Ohr gehört wird und welchen Einfluss das auf den Gesprächsverlauf hat. Vielleicht machen Sie sich ein paar Notizen nach den jeweiligen Gesprächen und tauschen sich nach einiger Zeit mit Ihrem Partner über Ihre Beobachtungen und Erkenntnisse aus.

Ich versteh dich nicht

Wir alle kennen Kommunikationsstörungen. Manchmal haben wir das Gefühl, uns klar und deutlich ausgedrückt zu haben und trotzdem missverstanden worden zu sein. Dann wieder finden wir erst gar keine Worte für das, was wir mitteilen wollen. Oder wir verstehen unser Gegenüber nicht. Oder wir glauben, jemanden zu verstehen, während dieser sich missverstanden fühlt. Vielleicht haben wir auch gemeinsam mit unserem Gegenüber das Gefühl, einander verstanden zu haben, um später unter Umständen festzustellen, dass dies doch nicht der Fall war.

Wie Sie sehen, sind die Möglichkeiten für Missverständnisse vielfältig, so dass man sich manchmal beinahe wundert, dass Kommunikation überhaupt gelingt. Doch trotz aller Missverständnisse machen wir uns nicht immer die Mühe, unsere Kommunikation zu analysieren, um die Störung zu finden. Häufiger fühlen wir uns einfach missverstanden und sind darüber enttäuscht oder wütend.

Je komplizierter eine Botschaft ist, umso schwieriger wird es, sie zu entschlüsseln. Der Empfänger ergeht sich in Vermutungen, was der andere wohl meinen könnte, und versucht dementsprechend zu reagieren, um dann allerdings irgendwann festzustellen, dass er den anderen vermutlich nicht verstanden hat, und schon ist das Missverständnis perfekt.

Es gibt Kommunikationen, in denen eine solche Wechselwirkung eine derartige Dynamik entfaltet, dass sich die Kommunikation im Kreis dreht. Einer greift verbal an, der andere zieht sich zurück. Je mehr er sich zurückzieht, umso mehr greift der andere an, um zu ihm durchzudringen. Beide beharren darauf, dass der jeweils andere den größten Anteil an der Situation hat, eine Verständigung und Lösung des Problems wird immer unwahrscheinlicher.

Wenn wir uns vor Augen führen, dass misslungene Kommunikation viele Ursachen haben kann und weder Sender noch Empfänger primär unwillig sind, empfinden wir misslungene Kommunikation vielleicht nicht mehr als persönlichen Angriff, sondern als Störung im Kommunikationsprozess. Dadurch gelingt es uns unter Umständen, eine größere Bereitschaft zu entwickeln, nach den Ursachen zu suchen, und uns verstärkt darum zu bemühen, uns dem anderen verständlich zu machen beziehungsweise den anderen zu verstehen.

Lass uns miteinander reden

Es erscheint mir wichtig, zwischen der normalen alltäglichen Kommunikation in einer Partnerschaft und der Kommunikation in einer Krise zu unterscheiden. Dabei glaube ich, dass es wichtig ist, die Kommunikation im Alltag zu trainieren, um in Krisenzeiten geübt zu sein. Zudem kann man wohl davon ausgehen, dass der Austausch über Wünsche und Ideen, Träume und Pläne, als Teil der normalen Kommunikation, eine wichtige Grundlage für eine Beziehung und damit auch für die Krisenkommunikation darstellt.

Weiterhin scheint ein reger Alltagsdialog ein gutes Gegengewicht zu Streitereien darzustellen. Der Psychologe Gottman, von dem bereits die Rede war, hat beobachtet, dass glückliche Paare negative Situationen und Worte, die in diesen Situationen gefallen sind, durch positive ausgleichen. Er ist dabei auf ein Verhältnis von fünf zu eins gekommen, das heißt, ein böses im Streit gefallenes Wort wird durch fünf liebevolle Worte im Alltag wieder ausgeglichen.

Andere Untersuchungen kommen zu dem Ergebnis, dass Paare sich in langjährigen Beziehungen insbesondere dann wohlfühlen, wenn sie sich ihre Gefühlswelt wechselseitig mit Worten, Gestik und Mimik mitteilen. Dies führt nämlich unter anderem dazu, dass sich die Partner durch einen Streit nicht bedroht fühlen, weil sie die Gewissheit haben, darüber reden zu können, sobald sich die Wogen geglättet haben.

Reden Sie miteinander?

Wie steht es um Ihre Kommunikationskultur? Reden Sie regelmäßig miteinander? Worum geht es in Ihren Gesprächen? Teilen Sie sich Wünsche, Bedürfnisse, Ideen und Schwierigkeiten mit?

Ich möchte Sie beide bitten, zwei Wochen lang bewusst wahrzunehmen, wie Ihre partnerschaftliche Kommunikation verläuft. Versuchen Sie, nichts zu bewerten oder zu verändern, sondern nur zu beobachten. Notieren Sie unabhängig voneinander, was Ihnen auffällt, und kommen Sie nach zwei Wochen ins Gespräch über das Erlebte und Notierte.

Streit ist normal

Dass es in einer Beziehung hin und wieder zum Streit kommt, ist normal. Besonders anfällig ist eine Beziehung allerdings immer dann, wenn einer der Partner oder beide durch Beruf, Kinder oder andere Herausforderungen angespannt sind. Dann wird der Ton schnell gereizt, man reagiert schärfer als sonst und der Streit schaukelt sich hoch.

Doch ein Streit hat nicht nur negative Seiten, sondern ist durchaus auch geeignet, wichtige Themen und Bedürfnisse zu klären und die Luft zu reinigen. Dabei kommt es natürlich darauf an, wie wir im Streit miteinander umgehen. Selbst wenn der Ton aggressiver wird und das eine oder andere verletzende Wort fällt, erscheint es wichtig, auch im Streit den Respekt nicht zu verlieren und Kardinalfehler wie

Totschlagargumente oder verallgemeinernde Worte wie »nie« oder »immer« zu vermeiden.

Neben der Vermeidung von Verallgemeinerungen sollte in einem Streit keine Charakterkritik geübt werden. Falls möglich sollten sich beide Partner auf die konkrete Situation beziehen und keine alten Geschichten aufwärmen. Vorwürfe sind ebenfalls wenig hilfreich, besser sind Ich-Botschaften, die den Partner nicht in die Enge treiben.

Selbstverständlich reagiert man im Streit oft emotional und vergisst dabei die eine oder andere hilfreiche Strategie, aber je öfter man sich diese in Erinnerung ruft, umso wahrscheinlicher ist es, dass man im nächsten Streit daran denkt, insbesondere wenn sich das Gespräch festzufahren droht.

Dass man sich wechselseitig ausreden lässt, versteht sich von selbst. Und auch das kann man in der alltäglichen Kommunikation üben. Denn schon im Alltag kann man sich vermutlich häufiger dabei ertappen, dass man den anderen nicht immer ausreden lässt, vor allem wenn man glaubt, ohnehin zu wissen, was er zu sagen hat.

Dem Streit abgelauscht

Stellen Sie sich vor, bei Ihrem nächsten Streitgespräch läuft eine Art Kassettenrekorder mit. Setzen Sie sich im Anschluss an das Gespräch hin und versuchen so detailliert wie möglich wiederzugeben, was gesagt wurde. Verhalten Sie sich dabei wie ein neutraler Protokollant, der kein Bedürfnis hat, eine der Parteien besser oder schlechter darzustellen. Vielleicht sind Ihnen auch besonders eindrückliche Sätze im Gedächtnis geblieben, die Sie aus anderen Streitgesprächen bereits kennen.

Lassen Sie ein paar Tage vergehen, bevor Sie sich das aus dem Gedächtnis protokollierte Streitgespräch in Ruhe ansehen. Notieren Sie, was Ihnen auffällt, und schreiben Sie einen kleinen Text, was Sie beim Lesen gedacht und empfunden haben.

Suchen Sie das Gespräch mit Ihrem Partner erst, wenn Sie das Gefühl haben, selbst ausreichend reflektiert zu haben, und ruhig mit Ihrem Partner über das sprechen zu können, was Ihnen auf- und eingefallen ist.

Als Nächstes möchte ich Sie bitten, einen fiktiven Dialog mit Ihrem Partner zu verfassen, in dem einer von Ihnen entweder zu Beginn oder im Verlauf des Gesprächs sagt: »Ich will das aber.« Um was könnte es in diesem Dialog gehen? In welcher Tonart wird er geführt? Schreiben

Sie so, dass bereits aus dem Gesagten deutlich wird, welcher der Gesprächspartner gerade spricht.

Was ich eigentlich sagen will

Sofern wir in einem Gespräch etwas erreichen wollen, sollten wir uns vorher klar werden, um was es eigentlich geht. Dabei kann mit »erreichen« auch gemeint sein, dass der andere einfach zuhört. Doch gerade dann ist es wichtig, dies auch mitzuteilen, beispielsweise mit dem Satz: »Ich erwarte von dir weder Ratschläge noch Lösungen, sondern mir wäre schon geholfen, wenn du mir einfach zuhörst.«

Denn manchmal brauchen wir genau das, einen Zuhörer. Wenn der andere allerdings die Vorstellung hat, uns irgendwie helfen zu müssen, wird sich das Gespräch in eine andere Richtung entwickeln und wir werden durch vorschnelle Lösungsvorschläge vielleicht eher enttäuscht sein. Weiß unser Gesprächspartner hingegen, dass wir ihm nur etwas mitteilen wollen, wird das Gespräch vermutlich entspannter verlaufen.

Weiterhin sollten wir uns überlegen, ob es uns eher um die Erreichung eines Zieles geht oder ob die Beziehung im Vordergrund steht. Stellen Sie sich zum Beispiel vor, Sie wollen im Urlaub an einen bestimmten Ort reisen. Nun kann es sein, dass es für Sie im Vordergrund steht, genau an diesen Ort zu fahren, selbst auf die Gefahr hin, allein reisen zu müssen. Oder es ist für Sie wichtiger, gemeinsam mit Ihrem Partner zu verreisen, wofür Sie auch zu Kompromissen bereit wären.

Klarheit und Transparenz

Wichtig ist, dass wir in einer klaren und transparenten Weise kommunizieren. Dafür müssen wir natürlich wissen, wo wir stehen und was wir wollen. Und selbst wenn wir das vielleicht nicht wissen, sollten wir dies im Gespräch zum Ausdruck bringen. Dann weiß unser Partner Bescheid und hat nicht das Gefühl, erraten zu müssen, um was es geht. Je konkreter wir etwas benennen, umso leichter und unmissverständlicher wird die Kommunikation verlaufen. »Nie zeigst du mir, dass du mich liebst« lässt unser Gegenüber vermutlich ein wenig ratlos zurück. Sagen wir hingegen: »Es wäre schön, du würdest mich häufiger in den Arm nehmen«, so ist das eine eindeutige Botschaft.

Übung in Klarheit und Transparenz

Bevor Sie in das nächste Gespräch mit Ihrem Partner gehen, fragen
Sie sich, um was es Ihnen geht, was genau Sie erreichen wollen und
was für Sie im Vordergrund steht.

 Wenn Sie mögen, können Sie sich schon in ein paar Formulierungen
versuchen und diese notieren.

Als Nächstes üben Sie sich bitte im aktiven Zuhören. Versuchen Sie
bewusst zuzuhören, statt gedanklich schon Ihre Entgegnung zu formulieren. Machen Sie sich frei von der irrigen Vorstellung, zu wissen,
was Ihr Partner denkt, und vermeiden Sie es, seine Sätze für ihn zu
beenden. Hören Sie einfach nur zu und versuchen Sie, so viel wie
möglich aufzunehmen. Wenn Sie etwas nicht verstanden haben, lassen Sie Ihren Partner ausreden und fragen Sie erst nach, wenn er mit
seinem Redebeitrag fertig ist.

Beginnen Sie Ihren Redebeitrag mit einer Rückfrage zu dem
Gesagten, um sicher zu gehen, dass Sie alles verstanden haben.
Beschränken Sie Ihre Redebeiträge auf eine Reaktion auf das Gesagte,
ohne es als Schuhlöffel für eigene Themen zu nehmen.

 Versuchen Sie, das aktive Zuhören mehrere Gespräche lang durch-
zuhalten, und schreiben Sie im Anschluss einen Text dazu, ob sich in
der Kommunikation mit Ihrem Partner in Ihrer Wahrnehmung dadurch
etwas verändert hat, und fragen Sie Ihren Partner, ob ihm eine Veränderung aufgefallen ist.

Sollte sich etwas zum Positiven verändert haben, können Sie Ihrem
Partner den Vorschlag machen, es in den nächsten Gesprächen wechselseitig mit aktivem Zuhören zu versuchen.

Das Gespräch nicht als Schuhlöffel für eigene Themen zu verwenden, heißt natürlich nicht, dass Sie nicht Eigenes zu dem von Ihrem
Partner eingebrachten Thema beisteuern sollen, sondern lediglich,
dass Sie das von Ihrem Partner ins Gespräch gebrachte Thema ernst
und wichtig nehmen und erst einmal dabei bleiben, was natürlich
umgekehrt ebenso gilt.

Was wir uns wünschen

»Unsere Wünsche sind Vorgefühle der Fähigkeiten,
die in uns liegen.«
(Johann Wolfgang von Goethe)

Vom Wünschen und Wundern

Wir alle haben Wünsche. Und das ist gut so. Denn wer wünscht, besitzt Ideen und Phantasie und ausreichend Energie, sich für die Erfüllung seiner Wünsche einzusetzen. Dabei geht es nicht um große, ausgefallene Wünsche, sondern um solche, die sich im Alltag realisieren lassen.

Natürlich hat jeder Mensch Wünsche, die primär nichts mit dem Beziehungspartner zu tun haben, an denen der Partner nur teilhaben und unter Umständen unterstützend tätig werden kann. Aber es gibt auch Wünsche, die den Partner und die Partnerschaft betreffen. Und um diese wollen wir uns in erster Linie kümmern, auch wenn es natürlich wichtig ist, alle Wünsche in einer Partnerschaft zu artikulieren, um den Partner teilhaben zu lassen.

Das Ablesen der Wünsche von den Augen

Es ist ein Irrglaube, dass ein Partner dem anderen die Wünsche von den Augen ablesen müsste. Wenn Sie darauf warten, ist die Enttäuschung vorprogrammiert. Überdies gibt es keinen Grund, warum Ihr Partner das tun sollte. Oder warum Sie ihm im umgekehrten Fall seine Wünsche von den Augen ablesen sollten.

Weit erfolgversprechender und realistischer ist es, seinem Partner seine Wünsche mitzuteilen. Und jetzt schreibe ich etwas, das so banal ist, dass es eigentlich nicht aufgeschrieben werden muss. Da es in der Realität aber nicht immer beherzigt wird, sei es doch erwähnt: Bevor Sie Ihrem Partner Ihre Wünsche mitteilen, sollten Sie diese kennen.

Trivial? Fein! Dann können Sie Ihre Wünsche direkt aufschreiben. Je konkreter, umso besser. Bitte nichts Allgemeines, wie etwa, dass Sie sich von Ihrem Partner Liebe wünschen. Wie soll das aussehen? Wie soll er das zum Ausdruck bringen? Einen Handstand machen? Mit den Ohren schnackeln? Oder sollte er Sie besser ab und zu zum Essen einladen?

Da Wünsche sich je nach Lebenskontext verändern, müssen sie immer wieder aufs Neue erkannt und formuliert werden. In einer Familiensituation beispielsweise, in der ein Partner den Haushalt und die Erziehung der gemeinsamen Kinder allein stemmt, kann der größte Wunsch durchaus sein, einen Tag oder ein Wochenende von dieser Aufgabe befreit zu sein.

In der Phase der Verliebtheit wünschen Sie sich vielleicht jeden Tag Sex, in einer späteren Phase unter Umständen eher mal einen kuscheligen Abend. Und wenn Sie gerade beruflichen Stress haben, werden Ihre Wünsche an Ihren Partner vermutlich ebenfalls andere sein.

 Notieren Sie bitte Ihre aktuellen Wünsche an Ihren Partner. Dabei geht es nicht darum, eine Wunschliste abzugeben, sondern ein bis zwei erfüllbare Wünsche zu formulieren und vielleicht auch ein, zwei Sätze darüber zu schreiben, warum Sie sich diese Dinge von Ihrem Partner wünschen.

Um ein wenig Ausgewogenheit herzustellen, wäre es schön, Sie würden Ihren Partner bitten, dasselbe zu tun. Möglicherweise sind Sie als Paar auch so gut im Gespräch, dass Ihnen die Wünsche des anderen bereits vertraut sind. Aber vielleicht finden Sie das eine oder andere, das in dieser Übung zutage tritt, dennoch neu und überraschend.

Sollten Sie bei der Übung das Gefühl haben, etwas nicht notieren zu müssen, weil Sie es schon hundertfach geäußert haben, notieren Sie es bitte trotzdem. Denn im Austausch zu der Übung, um den ich Sie im Anschluss an das Schreiben bitte, wäre es ja unter Umständen spannend herauszufinden, was an der Wunscherfüllung schwierig ist oder warum der Wunsch bisher nicht gehört wurde.

Als Einstieg in das Gespräch mit Ihrem Partner können Sie entweder Ihre Eindrücke, Gedanken und Gefühle während des Schreibens nehmen oder Sie können sich die Texte wechselseitig zum Lesen geben oder sie sich gegenseitig vorlesen.

Im Anschluss an das Gespräch schreiben Sie bitte noch einen kurzen Text dazu, wie Sie sich im Gespräch gefühlt haben. Hat es etwas gegeben, über das Sie sich gewundert haben, sowohl die eigenen

Wünsche als auch die Ihres Partners betreffend? Gab es Wünsche, die bei Ihnen beiden ähnlich oder sogar deckungsgleich waren? Wie sind Sie in punkto Wunscherfüllung verblieben? Und wie geht es Ihnen nach dem Gespräch?

Was wünschst du dir von mir?
Dann möchte ich Ihnen noch eine andere Möglichkeit vorstellen, wie Sie sich wechselseitig mit Wünschen auseinandersetzen können. Nehmen Sie sich für diese Übung mit Ihrem Partner mindestens eine halbe Stunde Zeit. Setzen Sie sich so nebeneinander, dass sich Ihre Schultern berühren und Sie jeweils in die entgegengesetzte Richtung blicken.

»Was wünschst du dir von mir?« ist die Frage, die Sie sich gegenseitig stellen. Jeder von Ihnen spricht fünf Minuten, in denen der andere zuhört und zwischendurch die Frage wiederholen kann. Er hört einfach nur zu und kommentiert nichts von dem Gesagten. Wenn er das Gefühl hat, es wäre gut, die Frage noch einmal zu wiederholen, so macht er das. Spricht der Partner hingegen die ganze Zeit, wird nur zugehört.

Nachdem einer die Rolle des Sprechers und der Partner die Rolle des Zuhörers hatte, wechseln Sie bitte die Rollen und führen das Ganze wieder fünf Minuten mit getauschten Rollen durch. Beim Wechsel empfiehlt es sich, mindestens eine Minute innezuhalten. Schließen Sie dafür am besten die Augen und schweigen, um das Gesagte und Gehörte wirken zu lassen und Raum für die nächste Runde zu schaffen.

Nachdem Sie beide sowohl gesprochen als auch zugehört haben, nehmen Sie sich bitte zehn Minuten Zeit aufzuschreiben, wie es Ihnen geht, was Sie gehört, gesagt und erlebt haben. Das lesen Sie sich dann bitte wechselseitig vor und nehmen sich weitere fünf Minuten Zeit, um sich darüber auszutauschen.

Ich sehn mich so

Wie wir alle Wünsche und Bedürfnisse haben, haben wir alle auch Sehnsüchte, jedenfalls sobald wir erwachsen sind. Denn Kinder, vor allem sehr kleine Kinder, kennen keine Sehnsucht. Es existieren noch nicht ausreichend kognitive Fähigkeiten, sich andere Zustände vorzustellen. Kleine Kinder bewegen sich vor allem in der Gegenwart und kennen das Was-wäre-wenn-Denken noch nicht.

Sehnsüchte stehen in der Regel für etwas Schönes und zugleich Unerreichbares. Weil man das Objekt der Sehnsucht nicht besitzt und meist nur schwer oder nicht erreichen kann, hat Sehnsucht mitunter etwas Bittersüßes. Oft hängt Sehnsucht damit zusammen, dass man sich als unvollkommen erlebt und einen Mangel empfindet. Sehnsucht stellt einer wenig idealen Gegenwart einen imaginären vollkommenen Zustand gegenüber.

Häufig bezieht sich die Sehnsucht auch auf eine Partnerschaft beziehungsweise auf einen idealen Partner, der immer zu einem steht, einen versteht und bedingungslos liebt. Sehnsüchte stehen aber auch für Lebenskonzepte und Partner mit ähnlichen Sehnsüchten haben meist auch ähnliche Lebensentwürfe, Ausrichtungen und Ziele.

Die Funktion der Sehnsucht

Eine Funktion der Sehnsucht besteht in der Suche nach Entwicklung und Vervollkommnung, was die Sehnsucht zu einem kraftvollen Motor macht. Oft haben Sehnsuchtsobjekte auch weiterreichende Bedeutungen, wie etwa die Sehnsucht nach dem Meer für Freiheit, Unendlichkeit und Naturnähe stehen kann. Sehnsüchte verweisen oft auf Grundmotive des Lebens und auf Entwicklungsaufgaben.

Sehnsucht kann aber auch ein Mittel sein, um mit Verlusten und blockierten Lebenswünschen umzugehen. Wir sehnen uns nach etwas, das wir verloren haben, einer Liebe, einem Menschen, Gesundheit oder einem idealen Zustand, den wir vielleicht bereits erlebt haben. Insofern ist Sehnsucht auch erfahrungs- und altersabhängig.

Wonach sehnen Sie sich?

 Schreiben Sie einen Text über Ihre aktuellen Sehnsüchte. Und obwohl Sehnsüchte oft wenig konkret sind, möchte ich Sie dennoch bitten, ein möglichst detailreiches Bild Ihrer Sehnsucht zu entwerfen. Fragen Sie sich auch, wofür Ihre Sehnsucht stehen könnte, sofern sie nicht ohnehin konkret ist.

In einem zweiten Text versuchen Sie bitte schriftlich darüber nachzudenken, wonach Sie sich vor zehn oder zwanzig Jahren gesehnt haben. Haben sich Ihre Sehnsüchte im Lauf der Zeit verändert? Was glauben Sie, welche Funktion haben Sehnsüchte für Sie? Welche Rolle nehmen sie in Ihrem Leben ein?

Ging es in den ersten beiden Texten ganz allgemein um Ihre Sehnsüchte, so geht es in diesem Text um Ihre Sehnsüchte in Bezug auf Partnerschaft beziehungsweise in Bezug auf Ihren Partner. Wonach sehnen Sie sich, wenn Sie an Partnerschaft denken? Schreiben Sie über Ihre Sehnsüchte sowohl in Bezug auf Ihre aktuelle Partnerschaft als auch im Hinblick auf Partnerschaft im Allgemeinen.

Sprechen Sie über Ihren Sehnsuchtstext bezüglich Ihrer aktuellen Partnerschaft mit Ihrem Partner. Vielleicht, nachdem Sie ihn gebeten haben, einen ähnlichen Text zu verfassen.

Sexuelle Phantasien und Sehnsüchte

Wenn die Lust am Sex nachlässt oder ganz einschläft, muss das nicht immer heißen, dass tatsächlich keine Lust vorhanden ist. Vielleicht ist auch nur die Aussicht auf den Sex, den ein Paar bisher hatte, nicht mehr reizvoll und es braucht neue Impulse.

Nicht immer, aber öfter, als man denkt, sind Phantasien vorhanden, wie der Sex mit dem Partner gestaltet werden könnte, zugleich werden diese nicht mitgeteilt, aus Angst, den Partner zu erschrecken, oder aus Sorge, Phantasien zu haben, die mit den Wünschen und Bedürfnissen des Partners nicht übereinstimmen. Werden diese Phantasien und Sehnsüchte aber nicht mitgeteilt, sondern unterdrückt, lähmt das natürlich das sexuelle Leben.

Beschreiben Sie und Ihr Partner jeweils getrennt voneinander in einem kleinen Text ein ideales sexuelles Szenarium. Ein Szenarium, das Sie persönlich am meisten erregen würde. Denken Sie dabei nur an sich und fragen Sie sich nicht, was Ihr Partner darüber denken könnte. Versuchen Sie so offen und aufrichtig wie möglich zu sein. Lassen Sie Ihrer Phantasie freien Lauf.

Selbst wenn Sie zu Beginn vielleicht das Gefühl haben, dass da nichts als Leere ist, fangen Sie dennoch an, über das Thema zu schreiben. Denn manchmal haben wir unsere Phantasien so weit verdrängt, dass wir tatsächlich Leere empfinden und uns erst freischreiben müssen, bevor wir wieder einen Zugang zu unseren sexuellen Phantasien und Sehnsüchten bekommen.

Denken Sie immer daran, dass Sie den Text hinterher verbrennen können, wenn Ihnen danach zumute ist und weder Ihr Partner noch sonst jemand ihn zu Gesicht bekommen soll.

Dennoch sollten Sie und Ihr Partner auf irgendeine Weise versuchen, über das Geschriebene, Gefühlte und Phantasierte ins Gespräch zu kommen, wie viel Sie dabei auch immer preisgeben möchten. Denn durch ein Gespräch kommen Sie in Bewegung und das ist ein Anfang.

Manchmal kann es auch hilfreich sein, einen Ortswechsel vorzunehmen – und wenn Sie nur in ein zwanzig Kilometer entferntes Hotel fahren. Oder Sie versuchen einmal die Rollen von Fremden einzunehmen, die sich zu einem ersten Date treffen. Bemühen Sie sich, den anderen zu verführen. Geben Sie sich neugierig und aufmerksam.

Auch wenn sich das zu Beginn vielleicht wie bei einer Verkleidungsparty anfühlen mag, werden Sie merken, dass das Spiel zunehmend leichter wird, wenn Sie sich darauf einlassen. Und Flirt und Aufmerksamkeit sowie Komplimente haben noch keiner Beziehung geschadet.

Bedürfnisse sind menschlich

Ich finde die Bedürfnispyramide des Psychologen Abraham Maslow gut, um sich diesem umfassenden Thema anzunähern. Maslow hat eine fünfstufige Pyramide entwickelt und versteht Bedürfnisse als Motivationen für ein bestimmtes Verhalten. Er geht davon aus, dass ein Bedürfnis so lange das Verhalten eines Menschen bestimmt, bis es völlig befriedigt ist. Erst dann kann der Mensch sich dem nächsten Bedürfnis zuwenden.

Auf der ersten Stufe der Bedürfnispyramide stehen die Grundbedürfnisse eines Menschen, die Maslow auch als physiologische Bedürfnisse bezeichnet, also Bedürfnisse, die weitgehend durch den Körper bestimmt werden, wie etwa das Bedürfnis nach Nahrung, das unser Verhalten in Richtung Nahrungsaufnahme bewegt. Ganz banal gesprochen: Wer hungrig ist, muss erst seinen Hunger stillen, bevor er sich anderen Bedürfnissen zuwenden kann.

Auf der zweiten Stufe der Pyramide steht das Bedürfnis nach Sicherheit. Hierzu zählen auch Gewohnheiten und Rituale, die ein Gefühl von Sicherheit vermitteln. Auch materielle Sicherheit sowie soziale und medizinische Versorgung können Themen dieser

Bedürfnisstufe sein. Wobei sich die Bedürfnisse der zweiten Stufe teilweise mit den Bedürfnissen der nächsten Stufe überschneiden.

Die dritte Stufe beinhaltet nämlich die sozialen Bedürfnisse. Dabei geht es um die Anwesenheit von Freunden, einem Partner und dem Streben nach Zugehörigkeit, aber auch darum, eine bestimmte Rolle im sozialen Gefüge einer Gesellschaft einzunehmen, Teil einer Gruppe zu sein und sich aufgehoben zu fühlen.

Auf der vierten Stufe stehen die Individualbedürfnisse. Der Wunsch nach Stärke, Erfolg, Unabhängigkeit und Freiheit sowie der Wunsch nach Ansehen, Anerkennung, Achtung und Wertschätzung.

Die letzte Stufe beschreibt schließlich das Bedürfnis nach Selbstverwirklichung. Dabei geht es um den Wunsch, das eigene Potenzial zu entdecken und zu nutzen. Diese Stufe umfasst die Bedürfnisse, die individuell am unterschiedlichsten sein dürften.

Natürlich handelt es sich bei der Pyramide um ein stark vereinfachtes Modell und nicht immer ist die Hierarchie so eindeutig, wie das Modell es suggeriert. Denn auch wenn die Grundbedürfnisse nicht befriedigt sind, kann man zugleich eine Bedürfnisbefriedigung auf anderer Stufe anstreben. Und selbstverständlich sind Bedürfnisse auch kultur- und werteabhängig.

Dennoch vermittelt das Modell einen guten Überblick, der hilft, weiter zu denken und eine eigene Struktur zu entwickeln. Maslow selbst hat die Pyramide in einer späteren Lebensphase noch erweitert, aber für uns reicht die erste Version als Impuls.

Ihre eigene Bedürfnispyramide

Malen Sie eine Pyramide mit so vielen Stufen, wie Sie es für erforderlich halten. Stellen Sie Ihre eigene Bedürfnishierarchie auf. Die Basis bilden Bedürfnisse, die für Sie absolute Priorität haben. An der Spitze stehen Bedürfnisse, deren Befriedigung gewissermaßen Luxus ist.

Nachdem Sie die Pyramide gemalt und mit Schlagworten versehen haben, schreiben Sie zu jeder Stufe einen kleinen Absatz. Buchstabieren Sie das jeweilige Bedürfnis aus und nennen Sie, falls möglich, konkrete Beispiele, wie dieses befriedigt werden könnte.

Dann markieren Sie alle Bedürfnisse farbig, bei denen andere Menschen eine Rolle spielen, und unterstreichen diese zusätzlich, wenn es sich bei diesem anderen Menschen um Ihren Partner handelt.

Betrachten Sie die Pyramide, die nun entstanden ist, in Ruhe und schreiben Sie einen Text über die Bedürfnisse, die in Zusammenhang mit Ihrem Partner und Ihrer Partnerschaft stehen.

Besprechen Sie Ihre Erfahrungen mit Ihrem Partner. Entweder bitten Sie ihn zuvor, die gleiche Übung zu machen, oder Sie sprechen in Form von Ich-Botschaften, um Ihren Partner an Ihren Entdeckungen und Erkenntnissen teilhaben zu lassen.

Was brauche ich?

Oft wissen wir nicht so genau, was wir in einem bestimmten Moment brauchen. Dies hängt wiederum meist damit zusammen, dass wir nicht genau wissen, wie es uns geht oder warum es uns so geht und was es bräuchte, um daran etwas zu ändern. Deswegen ist es gut, sich selbst von Zeit zu Zeit drei Fragen zu beantworten.

Schreiben Sie die drei Fragen *Was spüre ich? Was bewegt mich? Was brauche ich?* so auf ein Blatt Papier, dass Sie diese während des Schreibens im Blick haben, und versuchen Sie, im Gefühl zu bleiben, in sich hineinzuspüren und wahrzunehmen.

Dabei geht es zunächst um eine Art Bestandsaufnahme. Erst in einem zweiten Schritt können Sie darüber nachdenken, wie Sie das, was Sie brauchen, bekommen können, was impliziert, dass Sie es sich vielleicht auch selbst geben können.

Das Ziel vor Augen

Paare brauchen gemeinsame Ziele und Projekte, Wünsche und Hoffnungen. Beziehungen leben von gemeinsam verbrachter Zeit, von Plänen und deren Umsetzung, von gemeinsamen Interessen, Wünschen und Träumen. Für manche sind es Kinder, andere bauen ein Haus, wieder andere haben eine Leidenschaft fürs Reisen oder gemeinsame berufliche Visionen und manche Paare sind insbesondere über Literatur oder Kultur miteinander verbunden.

Egal wie ähnlich oder unähnlich Partner sich sind, um auf Dauer eine lebendige Beziehung zu führen, müssen gemeinsame Projekte, Ziele, Wünsche und Ideen vorhanden sein. Oder es muss zumindest so viel wechselseitiges Interesse für die Projekte und Ideen des Partners da sein, dass man miteinander überlegen, planen, hoffen und bangen kann und sich wechselseitig unterstützt.

Allerdings sind die meisten Ziele irgendwann einmal erreicht, Projekte werden abgeschlossen, Wünsche erfüllt und Ideen umgesetzt. Dann kommt es darauf an, ob es neue Ideen und Ziele gibt, die für beide Partner spannend sind, mit denen sie sich verbinden und für die sie sich begeistern können.

Sicher kennen Sie das, ein Teil der gemeinsamen Pläne ist umgesetzt und gelebt, die Kinder sind vielleicht schon aus dem Haus, das Haus ist abbezahlt und dann entsteht erst einmal ein Vakuum, in dem entweder eine gemeinsame Neuausrichtung erfolgt oder eine Trennung nicht unwahrscheinlich ist.

In anderen Fällen kann die Trennung auch früher erfolgen, wenn nämlich einer der Partner seine Ziele, Wünsche und Träume aufgegeben und sich den Zielen und Projekten des anderen untergeordnet hat, was auf Dauer zu Unzufriedenheit und dem Gefühl der Fremdbestimmung führt. Dies passiert oft nicht einmal bewusst, sondern mitunter ist einfach kein Platz, alle Träume und Ideen beider Partner unter einen Hut zu bringen, und dann fallen nach und nach ein paar Wünsche und Ziele unter den Tisch, weil das Leben eben kommt, wie es kommt, plötzlich Kinder den Alltag bestimmen oder das gemeinsame berufliche Projekt mehr Zeit und Engagement erfordert als gedacht.

Aktuelle Ziele

Notieren Sie, welche gemeinsamen Ziele Sie aktuell mit Ihrem Partner haben. Sprechen Sie über diese Ziele? Sind es wirklich gemeinsame Ziele und wie sind Sie beide darauf gekommen? Was machen Sie und Ihr Partner, um Ihre Ziele zu erreichen, und wie geht es Ihnen damit?

Versuchen Sie dabei verschiedene Aspekte zu beleuchten, etwa wie viel Zeit und Engagement Sie selbst für die Zielerreichung einsetzen. Ob Sie glauben, dass die Ziele eher ein Motor für Ihre Beziehung sind oder eine Belastung respektive vielleicht sogar Überforderung. Vielleicht stellen Sie sich auch die Frage, ob Sie aktuell diesem Ziel, für das Sie unter Umständen bereits einiges getan haben, wieder bedingungslos zustimmen würden, wenn Sie noch einmal vor der Wahl stünden, dies zu tun. Und was glauben Sie, wie Ihr Partner zu Ihrem gemeinsamen Ziel steht?

Bemühen Sie sich, dabei so aufrichtig und offen wie möglich zu sein, auch wenn das vielleicht bedeutet, zugeben zu müssen, dass Sie Zweifel an dem Ziel bekommen haben oder sich überfordert fühlen. Besser, offen darüber nachzudenken und vielleicht zu reden, als weiter in eine Richtung zu rennen, mit der Sie unter Umständen nicht mehr einverstanden sind.

Bitten Sie Ihren Partner, dieselbe Übung zu machen, sofern Sie den Wunsch verspüren, sich mit ihm darüber auszutauschen. Schreiben Sie zunächst beide unabhängig voneinander und suchen Sie erst nach Beendigung des Schreibvorgangs den Austausch.

Vergangene Ziele

Welche Ziele haben Sie als Paar bereits erreicht, welche Pläne umgesetzt? Handelt es sich dabei um Ziele, die Sie sich bewusst gesetzt hatten, oder haben sich die Ziele im Verlauf Ihrer Partnerschaft herauskristallisiert? Waren es gemeinsame Ziele oder hatte einer von Ihnen ein stärkeres Bedürfnis, diese Ziele zu erreichen? Wie geht es Ihnen damit, das oder die Ziele erreicht zu haben?

Schreiben Sie zunächst wieder unabhängig voneinander und beschreiben Sie bitte auch, was das Erreichen der Ziele für Ihre Partnerschaft bedeutet hat. Ob es etwas an Ihrer Beziehung verändert hat und wie es nach Erreichen des oder der Ziele weitergegangen ist. Vielleicht mögen Sie auch darüber nachdenken, was es Sie als Paar und jeden von Ihnen allein gekostet hat, diese Ziele zu erreichen, und wie es Ihnen heute damit geht, diesen Einsatz geleistet zu haben.

Diese Übung lässt sich auch als gemeinsame mündliche Reflexion durchführen, um sich zu vergegenwärtigen, was Sie als Paar erreicht und durchlebt haben. Vielleicht auch, um daraus für zukünftige Ziele und Projekte zu lernen.

Unter den Tisch gefallen

Auch wenn dies vielleicht ein schmerzliches und in manchen Beziehungen sogar tabuisiertes Thema ist, kann es hilfreich sein, sich damit auseinanderzusetzen. Gibt es eigene Ziele von Ihnen, die innerhalb Ihrer

Partnerschaft zu kurz gekommen sind, die Sie vielleicht zurückstellen mussten? Unter Umständen bis heute?

Falls nicht und falls Sie alle Ihre eigenen Ziele ebenfalls innerhalb der Partnerschaft, entweder allein oder gemeinsam, verfolgen konnten, schreiben Sie bitte, wie Ihnen das gelungen ist, wie es Ihnen damit geht und ob Sie das Gefühl haben, dass es bei Ihrem Partner ähnlich ist. Hat es sich einfach so ergeben oder haben Sie bewusst und gezielt daran gearbeitet, sowohl Sie allein als auch Sie als Paar, alle Wünsche und Ziele beider Partner zu vereinbaren?

Falls es doch Ziele gibt, die für Sie persönlich zu kurz gekommen sind, schreiben Sie bitte, um welche es sich handelt. Seit wann hatten Sie diese Ziele und wie kam es, dass Sie sie aufgegeben haben? Wie ging es Ihnen damals und wie geht es Ihnen heute damit? Haben Sie vor, diese Ziele wieder aufzugreifen und noch zu verwirklichen? Was haben Sie stattdessen für Ziele verfolgt? Und wie war das für Sie?

Schreiben Sie in einem zweiten Schritt einen Brief an Ihre unter den Tisch gefallenen Ziele, als würde es sich dabei um Personen handeln, die Sie mögen. Etwa in dem Tenor:»Meine lieben Ziele, die Ihr unter den Tisch gefallen seid, ich wollte euch sagen, dass …« Dies ist natürlich nur ein Vorschlag, jeder Einstieg, der Ihnen einfällt, ist wunderbar.

Zukünftige Ziele: Du – Ich – Wir

Welche gemeinsamen Ziele haben Sie? Gibt es auch Ziele, die Sie nur für sich allein haben, oder Ziele, die Ihr Partner allein verfolgt? Sprechen Sie beide darüber?

Schreiben Sie bitte drei Texte: einen zu den gemeinsamen Zielen, einen zu Ihren eigenen und einen zu den Zielen Ihres Partners.

Denken Sie daran, dass es eine subjektive Sicht ist und das völlig in Ordnung ist. Schreiben Sie so spontan wie möglich, ohne sich zu fragen, was Ihr Partner denkt oder schreiben würde und ob Sie ihm gerecht werden, wenn es um die gemeinsamen Ziele und seine persönlichen Ziele geht.

In diesen drei Texten geht es zunächst nur um Ihre Sicht der Dinge. Schreiben Sie bei allen drei Texten so lange, bis Sie das Gefühl haben, dass Ihnen nichts mehr dazu einfällt. Bei Ihren eigenen Zielen und den Zielen Ihres Partners können Sie auch darüber nachdenken, was diese

Ziele für Sie als Paar und Ihre gemeinsame Entwicklung und Zukunft bedeuten könnten.

Vergleichen Sie nach dem Schreiben die Länge der Texte miteinander. Dann lesen Sie alle drei Texte nach einer zeitlichen Distanz von ein paar Tagen wieder und schreiben einen vierten Text dazu.

Erst dann würde ich an Ihrer Stelle Ihren Partner bitten, das Gleiche zu tun, um sich mit ihm darüber austauschen zu können.

Was zu schreiben bleibt

»Die beste Zeit, einen Baum zu pflanzen,
war vor zwanzig Jahren. Die zweitbeste ist jetzt.«
(Afrikanisches Sprichwort)

Schreiben als Paar im Alltag

Vielleicht schreiben Sie sich ja schon im Alltag: kleine Botschaften, wo
Sie sind, wann Sie zurückkommen, was einzukaufen oder zu machen
ist und dass sich das Essen im Kühlschrank befindet oder eben nicht.
Oder Sie hinterlassen womöglich kleine Liebesbotschaften, wenn Sie
auf Reisen sind. Zettel, die Ihr Partner nach und nach entdeckt, während Sie weg sind: unter dem Kopfkissen, im (Kühl-)Schrank oder in
der Besteckschublade.

Eine Freundin, der ich schrieb, dass ich gerade an diesem Buch
arbeite, verriet mir, dass sie und ihr Partner eine Kladde auf dem
Küchentisch haben, in die sie neben Einkaufslisten auch Grüße und
ganz viel Blödsinn schreiben. Eine schöne Angewohnheit, wie ich finde.
Besonders angetan hat es mir der Blödsinn, denn er ist es oft, der den
Alltag und eine Beziehung bereichert, weil er nicht aus der Notwendigkeit, sondern aus der Lust geboren wird.

Sie können Ihrem Partner auch von Ihrem Arbeitsplatz mal eine
Karte oder einen Brief schreiben oder aus der Stadt, wenn Sie in einem
Café sind. In Zug und Bus lassen sich auch Karten und Briefe schreiben.
Ist mal etwas anderes als Mail oder SMS.

Ein Schreibabend könnte Ihnen dabei helfen, sowohl bei sich als
auch beim anderen und gemeinsam zu sein. Hierfür können Sie Übungen aus diesem Buch machen oder sich einfach schriftlich unterhalten.
Am besten mit einer bestimmten Vorgabe. Jeder soll nur einen Satz
schreiben, dann den Zettel zurückreichen. Oder wie beim Twittern
140 Zeichen, mehr nicht. Das belebt den schriftlichen Dialog.

Karteikarten ziehen

Sie können sich auch Ihr eigenes Schreibspiel basteln. Dazu brauchen
Sie nur ausreichend viele Karteikarten in unterschiedlichen Farben,
am besten in der Größe einer Scheckkarte. Nun beschriften Sie beide

unabhängig voneinander die roten Karteikarten mit einem Gefühl. Die blauen Karteikarten erhalten eine Aktion, die grünen ein Zielvorhaben, die gelben ein Hauptwort, welcher Art auch immer.

Jeder beschriftet für jede Kategorie mindestens fünf Karten. Dann werden die Karten gemischt und es wird nach Absprache eine bestimmte Menge aus den Stapeln gezogen. Die Absprache treffen Sie als Paar für jede Runde neu. Beispielsweise: Diese Runde zieht jeder von uns eine rote und zwei blaue Karten.

Aus den Vorgaben auf der Karte müssen Sie dann jeder für sich zu einem Text kommen. Setzen Sie sich dafür eine bestimmte Zeit, etwa zehn oder fünfzehn Minuten. Dann lesen Sie sich die Texte wechselseitig vor und eine neue Runde beginnt.

Sie haben noch Karteikarten zum Beschriften? Wunderbar! Dann ein weiteres Schreibspiel. Einer von Ihnen nennt einen Begriff, beispielsweise »Glück«. Nun kann jeder von Ihnen Karteikarten mit Worten beschriften, die Ihnen dazu einfallen. Auf jede Karte schreiben Sie nur ein Wort, eine Assoziation. Hier sollte jeder mindestens zehn Karten anfertigen.

Jeder zieht nun drei Karten und wieder wird zu den Begriffen geschrieben, die Sie gezogen haben. Am Ende lesen Sie sich die Texte wieder wechselseitig vor und sehen sich die Assoziationen auf den verbliebenen Karten an, wenn Sie mögen.

Am besten bleiben Sie für einen Begriff bei einer Farbe und nehmen für die nächste Runde und den nächsten Begriff eine andere Farbe. Wenn Sie einige Runden hinter sich haben, wissen Sie, dass auf den grünen Kärtchen alles zum Thema »Glück« zu finden ist, auf den roten alles zum Thema »Wahnsinn« und so weiter. Dann können Sie weitere Runden veranstalten, in denen Sie die vorhandenen Themenfelder mischen.

Es empfiehlt sich, die Karten in der jeweiligen Kategorie aufzuheben, um sie beim nächsten Schreibabend wieder einsetzen zu können, wobei Sie immer auch neue Karten schreiben sollten, damit Ihnen nicht langweilig wird.

Der Tagesdialog

Wenn Sie mögen, versuchen Sie sich doch mal den Tag über an einem Dialog. Legen Sie irgendwo in der Wohnung einen Zettel aus. Am besten an einer Stelle, an der Sie beide möglichst häufig vorbeikommen,

Küche oder Toilette beispielsweise. Einer von Ihnen startet den Dialog am Morgen. Sie sollten vorher absprechen, wer an dem betreffenden Tag beginnt, und sich dabei mit dem Anfangen abwechseln.

Schreiben Sie gleich nach dem Aufstehen den ersten Satz. Einen einzigen Satz, völlig egal, was, am besten das, was Ihnen als Erstes in den Sinn kommt. Sobald Ihr Partner am Zettel vorbeikommt, liest er den Satz und schreibt selbst einen. Der Satz muss nicht unbedingt Bezug auf den ersten Satz nehmen. Auch hier: je spontaner, umso besser.

Wenn Sie tagsüber beide weg sind, ruhen Zettel und Dialog. Sie schreiben nur, wenn Sie zu Hause sind und an dem Zettel vorbeikommen. Sie müssen sich nicht vornehmen, daran zu denken, sondern der Zettel wird Sie automatisch daran erinnern.

Bevor Sie ins Bett gehen, schließen Sie den Tagesdialog und lesen ihn gemeinsam, entweder mit verteilten Rollen oder einer von Ihnen übernimmt diese Aufgabe und Sie wechseln sich beim Vorlesen ab.

Führen Sie den Tagesdialog zu Beginn ruhig einmal sieben Tage am Stück, sofern Sie beide nicht zufällig verreist sind. Sprechen Sie nach der Woche darüber, wie es Ihnen damit geht. Danach können Sie sehen, ob und in welcher Weise Sie damit fortfahren wollen.

Beziehungsarbeit ist Arbeit

Beziehungsarbeit ist anstrengend. Sich selbst, den anderen und sich als Paar zu erleben, kennenzulernen und auseinanderzusetzen, ist ein (schöner) Kraftakt. Dies soll Sie keinesfalls abschrecken, sondern Ihnen signalisieren, dass es Mut und Kraft braucht, an sich und der Beziehung zu arbeiten, sich gemeinsam auf den Weg zu machen, Schwierigkeiten anzugehen und vielleicht auch Veränderungen anzustreben, sofern diese von beiden Partnern gewünscht sind.

Und natürlich erfordert es Zeit, sich aufeinander einzulassen und sich auszutauschen. Man kann nicht mal eben zwischen Tür und Angel über wichtige Dinge sprechen. Aber genau hier liegt ein Vorteil des Schreibens. Man muss sich Zeit nehmen. Dafür kann man Gedanken in Ruhe reifen lassen und Empfindungen auf die Spur kommen, allein und gemeinsam.

Wer hätte im Streit nicht schon einmal gedacht, dass er etwas besser nicht gesagt hätte. Wenn Sie schreiben, können Sie immer noch einmal prüfen, ob das Geschriebene stimmig ist und Sie es in dieser Form Ihrem Partner geben wollen.

Schreiben entschleunigt und manche impulsiven Reaktionen, die man hinterher bereut, werden durch das Schreiben weitgehend vermieden. Wenn Sie sich unsicher sind, ob das Geschriebene wirklich in dieser Form Ihren Partner erreichen soll, können Sie es auch erst ein paar Tage liegen lassen, um es mit neuen Augen noch einmal zu prüfen.

Schaffen Sie Abwechslung und experimentieren Sie

Eine weitere Möglichkeit, die Ihnen das Schreiben im Gegensatz zum Gespräch bietet, besteht darin, Ihrem Partner den Text zu geben, damit er ihn allein und in Ruhe lesen kann. Dann hat er Zeit, über das Gelesene nachzudenken, seine Empfindungen zu untersuchen und seine Reaktion zu überlegen.

Oder Sie lesen Ihrem Partner den Text vor und können über die Stimme noch einmal Einfluss auf den Inhalt nehmen und sehen sofort, wie Ihr Partner reagiert, können erklärende Worte hinzufügen oder Rückfragen beantworten.

 Probieren Sie einfach verschiedene Varianten. Sie schreiben allein, besprechen es mit Ihrem Partner. Sie schreiben allein, lesen es Ihrem Partner vor. Sie schreiben allein und geben es Ihrem Partner zum Lesen, während Sie dabei sind. Oder Sie geben es ihm, damit er es in Ruhe lesen kann.

Ihr Partner schreibt ebenfalls allein zu dem gleichen Thema, mit allen bereits genannten Optionen. Oder Sie schreiben zusammen zu einem Thema und sprechen dann darüber oder lesen sich wechselseitig vor.

Versuchen Sie das Ganze ein wenig spielerisch zu handhaben. Das bedeutet zum einen Abwechslung und zum anderen erhalten Sie so die Möglichkeit, herauszufinden, was Ihnen und Ihrem Partner am meisten liegt, was natürlich auch themen- und situationsabhängig sein kann.

Geduld spielt ebenfalls eine Rolle

Es wäre unbestreitbar schön, wir würden uns etwas vorstellen und es wäre dann auch gleich schon umgesetzt. Leider ist dies in der Regel nicht der Fall. Und gerade wenn es um Themen geht, die einen in

einer Beziehung beschäftigen und die vielleicht immer wieder auftauchen, ist es gar nicht leicht, einen Zugang dazu zu finden und
etwas zu verändern.

Wichtig ist, dass wir geduldig mit uns und unserem Partner sind
und auch akzeptieren, wenn sich etwas nicht verändern lässt. Oft
geht es vielleicht nicht unbedingt um Veränderung, sondern darum,
etwas zu sehen und zu verstehen.

Wie oft sind wir ärgerlich und ungeduldig mit uns selbst und
denken: verdammt, schon wieder. Und genau das Gleiche passiert
uns natürlich im Umgang mit dem Partner – dass wir denken: Nun
habe ich es hundert Mal gesagt und es hat sich nichts geändert. Oder:
Das haben wir doch schon so oft besprochen.

Vielleicht braucht es dann einfach noch eine Schleife oder einen
anderen Zugang, wofür das Schreiben bestens geeignet ist. Testen
Sie, welche der Übungen im Buch für Sie geeignet sind und welche
Ihnen Spaß machen. Denn Spaß darf es auch machen. Wandeln Sie
die Übungen falls nötig ab und erlauben Sie sich auch, Nonsens zu
schreiben.

Es darf gelacht werden

Über die eigenen Unzulänglichkeiten darf am meisten gelacht werden. Wir dürfen mit unseren Unzulänglichkeiten freundlich umgehen, sie anlachen, nicht uns selbst verlachen, sondern freundlich
über uns schmunzeln. Wir sind, wer wir sind und wie wir sind. Dies
spricht nicht gegen Veränderung, denn dieses Potenzial besitzen
wir, sondern es soll nur verdeutlichen, dass wir als Individuen nicht
immer die volle Bandbreite an Möglichkeiten besitzen oder aus-
schöpfen können.

Genetik und Umwelt haben uns in einer bestimmten Weise
geprägt und unser Spielraum für Veränderungen ist in manchen
Bereichen vielleicht geringer, als wir uns das vorstellen und wünschen. Und wenn wir etwas nicht ändern können, hilft es zuweilen
vielleicht, es liebevoll schmunzelnd anzunehmen.

Lächeln Sie also gelegentlich über sich selbst und auch über
gewisse Eigenheiten Ihres Partners. Wenn wir ehrlich sind, sind wir
alle, sowohl allein als auch in der Beziehung, von außen betrachtet,
manchmal wirklich komisch.

Versuchen Sie in schwierigen Situationen doch mal, einen schreiben-
den Beobachter zu installieren. Stellen Sie sich vor, Sie würden sich
und Ihren Partner im Streit oder heftigen Gespräch beobachten. Was
gäbe es da zu beobachten? Notieren Sie alles, als würden Sie ein
fremdes Paar beobachten.

Kontinuität ist wichtig

Sie ahnen es längst: Wie im Sport, in der Musik und anderen Tätig-
keiten, bedarf es auch im Schreiben einer gewissen Kontinuität.
Dabei geht es nicht darum, das Schreiben selbst in irgendeiner Weise
zu perfektionieren, sondern vielmehr darum, das Schreiben als In-
strument der Selbsterkenntnis und Auseinandersetzung einsetzen
zu können.

Ein Schreiben zu entwickeln, das es erlaubt, das Handwerk des
Schreibens gewissermaßen in den Hintergrund treten zu lassen, um
sich auf die innere Stimme und die Stimme des Gegenübers zu konzentrieren und die möglicherweise vorhandene Befangenheit dem
Schreiben gegenüber abzulegen.

Schreiben ersetzt keine Therapie

Obwohl Sie das natürlich wissen, sei es an dieser Stelle noch einmal
explizit angemerkt. Dieses Buch und die schreibende Auseinandersetzung mit sich selbst und dem Partner ersetzt selbstverständlich
keine Therapie oder Beratung.

Dennoch können die differenzierte Auseinandersetzung mit einzelnen Themen und die achtsame Annäherung an sich und den Partner viel dazu beitragen, einander besser zu verstehen und einen respektvollen und wertschätzenden Umgang miteinander zu finden.

Sollten Sie das Gefühl haben, dass Sie sich allein immer wieder
verstricken oder in bekannte Muster und Situationen manövrieren,
die sich nicht auflösen lassen, kann es durchaus sinnvoll sein, sich
Unterstützung von außen zu holen.

Dabei können Sie selbst Ihren Teil zur gelingenden Beratung oder
Therapie beitragen, indem Sie zu Hause daran arbeiten. Mitunter
werden Ihnen Berater oder Therapeuten auch ganz ähnliche Übungen vorschlagen wie jene, die Sie in diesem Buch finden. Vielleicht

bitten Sie auch um Schreibübungen und erzählen, dass Sie es auf diese Weise bereits versucht haben oder gern versuchen würden.

Gespräche und Schreiben mit anderen Paaren

Manchmal kann es auch hilfreich sein, mit anderen Paaren über die eigenen Schwierigkeiten zu reden. Ich sage bewusst: mit anderen Paaren. Denn meist holt sich einer der Partner Rat bei einem Freund oder einer Freundin, die eventuell auch in einer Beziehung ist, und der andere Partner macht das Gleiche bei einem anderen Freund und dann treffen diverse Ratschläge über zahlreiche Ecken ein und es wird mitunter noch komplexer und kompliziertes, als es ohnehin schon ist.

Deswegen ist es manchmal sinnvoller, sich zu viert zusammenzusetzen und die Perspektiven zusammenzutragen. Denn dann hat man ein gleiches Verhältnis und sieht vielleicht ähnliche Schwierigkeiten. Oder es fällt einem bei dem anderen Paar etwas auf, das einem in der eigenen Beziehung nicht aufgefallen wäre.

Wenn Sie mit einem Paar befreundet sind, das dem Ansatz des Schreibens ebenfalls offen gegenübersteht, können Sie auch zu viert schreiben und einige der Übungen ausprobieren. Dann empfiehlt es sich, die Texte laut zu lesen, um alle vier daran teilhaben zu lassen.

Sollten Sie dies machen, möchte ich Sie bitten, eine Grundregel ganz deutlich einzuführen und einzuhalten. Sollten beim Schreiben Texte entstehen, die eindeutig nur für Sie als Paar bestimmt sind, lesen Sie diese nicht in der Gruppe und schon gar nicht, bevor Sie sich nicht mit Ihrem Partner darüber verständigt haben.

Es versteht sich von selbst, dass Texte, die einen der Anwesenden bloßstellen könnten, nicht gelesen werden. Sie werden selbst merken, dass es einige Übungen gibt, die man mit einem befreundeten Paar machen kann, wenn es beispielsweise um die Beziehungswerte geht, und andere Übungen wiederum so intim sind, wie etwa die zu sexuellen Phantasien, dass sie nur für Sie und Ihren Partner bestimmt sind.

Ende gut, alles gut?

Nein, am Ende ist natürlich nicht alles gut, sondern da geht es wieder von vorne los. So lange Sie leben und atmen, werden Sie sich verändern und für Ihren Partner gilt das Gleiche. Das bedeutet zugleich, dass Sie sich als Paar beständig austauschen müssen, um einander nicht aus den Augen zu verlieren.

Sie müssen einander auf dem Laufenden halten, über Ihre Ziele, Ihre Ideen, Ihre Gedanken, Ihre Gefühle und über das, was Sie schwierig finden, sowohl in der Partnerschaft als auch in anderen Kontexten.

Doch der Austausch wird leichter, sobald Sie Übung darin haben. Es wird selbstverständlich werden, auf verschiedene Arten miteinander zu kommunizieren und sich wechselseitig im Blick zu behalten und zu begleiten. So selbstverständlich, dass Sie es vermissen werden, wenn der Austausch fehlt.

Zu wenig Zeit für einen intensiven und regelmäßigen Austausch zu haben, ist ein schlechtes Argument. Eine Beziehung kostet Zeit. Eine Trennung ebenfalls, ein Neuanfang mit einem anderen Beziehungspartner auch. Und in der neuen Beziehung werden Sie um einen lebendigen Austausch auch nicht herumkommen.

Ich wünsche Ihnen viel Spaß, viel Erfolg, viele neue Einblicke, Erkenntnisse und vor allem einen intensiven Austausch miteinander.

Ihre Silke Heimes

Literatur

Berne, E. (1966). Principles of group treatment. New York: Oxford University Press.

Bieri, P. (2013). Eine Art zu leben. Über die Vielfalt menschlicher Würde. München: Hanser.

Dannhäuser, U. (2011). Die Bedeutung früher Beziehungserfahrung für die Partnerschaft. Jahresbericht Katholische Beratungsstelle für Ehe-, Familien- und Lebensfragen.

Enzensberger, H. M. (1994). Im Gespräch mit Heinrich Jaenecke und Siegfried Schober. Stern, 46, 10.11.1994.

Fischer, M. (2005–2006). Der ewige Tanz zwischen Nähe und Distanz. IBP Newsletter, Teil I: Heft 10 (2015). Teil II: Heft 11 (2015). Teil III: Heft 12 (2016).

Frankl, V. E. (1983). Ärztliche Seelsorge. Grundlagen der Logotherapie (durchges. und verbesserte Ausgabe). Frankfurt a. M.: Fischer-Taschenbuch-Verlag.

Gottman, J. (2015). Wie funktioniert Vertrauen in einer Beziehung? O. Holzberg im Gespräch mit Gottman. Publiziert am 03.03.2015, http://www.brigitte.de/liebe/beziehung/wie-funktioniert-vertrauen-1194636/2.html, abgerufen am 20.3.2015.

Harlow, H. F. (1958). The nature of love. American Psychologist, 13, 673–685.

Hüther, G. (2000). Die Evolution der Liebe. Göttingen: Vandenhoeck & Ruprecht.

Hüther, G. (1998). Stress and the adaptive self-organization of neuronal connectivity during early Childhood. International Journal of Developmental Neuroscience, 16, 297–306.

Jaszus, R. et al. (2004). Sozialpädagogische Lernfelder für Erzieherinnen – 1 BKSP. Stuttgart: Holland u. Josenhans, 120 ff.

Kant, i. (1974). Kant-Brevier. Ein philosophisches Lesebuch für freie Minuten. Hrsg. von W. Weischedel. Frankfurt a. M.: Insel.

Luhmann, N. (1968). Vertrauen. Mechanismus der Reduktion sozialer Komplexität. Stuttgart: Enke.

Maslow, A. (1943). A theory of human motivation. Psychological Review, 50 4, 370–396.

Maslow, A. H.; Geiger, H.; Maslow, B. G. (1993). The farther reaches of human nature (compass). New York, NY.

Möllering, G. (2007). Grundlagen des Vertrauens: Wissenschaftliche Fundierung eines Alltagsproblems. Forschungsbericht Max-Planck-Institut für Gesellschaftsforschung, 73–78.

Mogel, H. (2009). Geborgenheit ist mehr als nur das Dach über dem Kopf. Psychologie Heute, 12, 78–81.

Perls, F. S. (1976). Grundlagen der Gestalt-Therapie. München: Pfeiffer.

Plotsky, P. M.; Meaney, M. J. (1993). Early, postnatal experience alters hypothalamic corticotropin-releasing factor (CRF) mRNA, median eminence CRF content and stress-induced release in adult rats. Brain Research – Molecular Brain Research, 18 (3), 195–200.

Precht, R. D. (2010). Liebe: Ein unordentliches Gefühl. München: Goldmann.

Rohmann, E.; Bierhoff, H. W. (2014). Gerechtigkeitserleben und Glück in der Partnerschaft. In: Staatsinstitut für Frühpädagogik (IFP) (Hrsg.): Online-Familienhandbuch. Publiziert am 26.02.2002, zuletzt geändert am 16.12.2014, https://www.familienhandbuch.de/partnerschaft/gelingende-partnerschaft/gerechtigkeitserleben-und-gluck-in-der-partnerschaft, abgerufen am 27.08.2015.

Schmid, N. (2010) Gemischte Gefühle: Geborgenheit. Süddeutsche Zeitung online, publiziert am 06.08.2010, http://www.sueddeutsche.de/wissen/gemischte-gefuehle-geborgenheit-und-alles-ist-gut-1.984667, abgerufen am 18.03.2015.

Schneider, N. F., Rüger, H. (2008). Beziehungserfahrungen und Partnerschaftsverläufe vor der Heirat. Eine empirische Analyse von Angehörigen der Eheschließungskohorte 1999–2005. Zeitschrift für Familienforschung, 20(2), 131–156.

Schramm, S. (2011). Das ewige Ideal. Die Zeit, N° 15/201111. publiziert am 04.2011, http://www.zeit.de/2011/15/Ps-Treue-Studien, abgerufen am 12.08.2015.

Schulz von Thun, F. (1981). Miteinander reden 1: Störungen und Klärungen. Allgemeine Psychologie der Kommunikation. Reinbek: Rowohlt.

Schulz von Thun, F. (1989). Miteinander reden 2: Stile, Werte und Persönlichkeitsentwicklung. Differenzielle Psychologie der Kommunikation. Reinbek: Rowohlt.

Schulz von Thun, F. (1998). Miteinander reden 3: Das »innere Team« und situationsgerechte Kommunikation. Reinbek: Rowohlt.

Shannon, C. E.; Weaver, W. (1949). Mathematical theory of communication. Urbana, IL: University of Illionois Press.

Sternberg, R. J. (1986). A triangular theory of love. Psychological Review, 93, 2, 119–135.

Stiehler, S., Stiehler, M. (2002). Ich bin ich und Du bist Du. Symbiose, Autonomie und Bezogenheit in Zweierbeziehungen. Beratung Aktuell, 4, 196–208.

Thiel, M., Längler, A., Ostermann, T. (2012). P05.21. Kangarooing in German neonatology departments: results of a nationwide survey. BMC Complementaey and Alternative Medicine, 12 (Suppl. 1), 381.

Watzlawick, P. (1967). Menschliche Kommunikation. Stuttgart: Huber.

Wilhelm, K. (2008). Zwischenstation Sehnsucht. Max-Planck-Forschung, Forschung und Gesellschaft, 3, 66–72.

Wilhelm, K. (2002). Fair spielen, mehr gewinnen. Brand Eins, 01: 54–57.

Wolf, C. (2015). Kontroverse um Spiegelneuronen. Überschätzte Universaltalente. Der Tagesspiegel, publiziert am 05.2015, http://www.tagesspiegel.de/wissen/kontroverse-um-spiegelneuronen-ueberschaetzte-universaltalente/v_print/11798792.html?p=, abgerufen am 27.08.2015.

Silke Heimes bei V&R

Silke Heimes
Schreib dich gesund
Übungen für verschiedene
Krankheitsbilder

2015. 125 Seiten, kartoniert
ISBN 978-3-525-40458-4

eBook: ISBN 978-3-647-40458-5

Nicht alle Krankheiten lassen sich
erfolgreich behandeln, doch mit
allen Krankheiten lässt es sich leben. Schreibend kann es gelingen,
eine größere Akzeptanz zu entwickeln und die Lebensqualität zu
verbessern. Dazu gibt es in diesem
Buch 170 Schreibübungen zu 16
Krankheitsbildern.

Silke Heimes
Schreiben als
Selbstcoaching
Inklusive E-Book.
2014. 128 Seiten, mit 1 Abb., kartoniert
ISBN 978-3-525-40457-7

»Das Buch ist eine Fundgrube
praktisch anwendbarer Schreib-
anlässe, die dazu verhelfen, die
persönliche Situation des Lesers
präzise zu erfassen und eine Me-
taperspektive einzunehmen.«
Kontext (Sabine Wackenroder)

Silke Heimes
Schreib es dir von der
Seele
Kreatives Schreiben leicht gemacht

3. Auflage 2015. 168 Seiten, kartoniert
ISBN 978-3-525-40430-0

»Anhand vielfältiger praktischer
Übungen, die leicht durchführ-
bar sind und Schreibspaß vermitteln, zeigt die Autorin, wie es
gelingen kann, das ›Schreib-Ich‹
zu wecken und Schreiben als
natürliche, kreative Kraft- und
Inspirationsquelle zu nutzen.«
Sichere Arbeit

Silke Heimes
Kreatives und
therapeutisches Schreiben
Ein Arbeitsbuch
5. erw. Auflage 2015. 134 Seiten,
kartoniert
ISBN 978-3-525-40412-6

eBook: ISBN 978-3-647-40469-1

»Das Buch ist mit seinen vielfäl-
tigen Aufgaben gut geeignet, um
als Leser selber mit der Poesietherapie zu experimentieren und
sich besser kennenzulernen.«
Text Art (Pia Helfferich)

Ausführliche Leseproben finden Sie auf www.v-r.de

Verlagsgruppe Vandenhoeck & Ruprecht | V&R **unipress**

www.v-r.de

Silke Heimes bei V&R

Silke Heimes
Regenbogen-bandwurmhüpfer
Kreatives Schreiben für Kinder und Jugendliche

2. Auflage 2015. 172 Seiten, kartoniert
ISBN 978-3-525-40211-5

eBook: ISBN 978-3-647-40211-6

Ein Buch für den Schreibtisch, den Küchentisch, das Lehrer- und Schülerpult, eines, das man immer dabei haben sollte, wenn einen die Schreiblust überfällt.

»Das Buch ist eine Schatztruhe, bis zum Rand gefüllt...«
Praxis der Kinderpsychologie und Kinderpsychiatrie (Kay Niebank)

Silke Heimes
Künstlerische Therapien
Ein intermedialer Ansatz

UTB 3397
2010. 139 Seiten, mit 9 Abb., kart.
ISBN 978-3-8252-3397-6

eBook: ISBN 978-3-8385-3397-1

Silke Heimes gibt einen knappen und doch umfassenden Überblick über die Künstlerischen Therapien und ihre jeweiligen Möglichkeiten und Wirkungen in der psychotherapeutischen Arbeit.

Silke Heimes
Warum Schreiben hilft
Die Wirksamkeitsnachweise zur Poesietherapie

2012. 260 Seiten, mit 5 Tab., kart.
ISBN 978-3-525-40161-3

eBook: ISBN 978-3-647-40161-4

»Es ist sehr erfreulich, dass Silke Heimes neben den therapeutischen Werkbüchern nunmehr auch einen Band verfasst hat, der die wissenschaftliche Evidenz darstellt.« *Praxis der Kinderpsychologie und Kinderpsychiatrie (Holger Koppe / Inga Rettcher)*

Silke Heimes / Petra Rechenberg-Winter / Renate Haußmann (Hg.)
Praxisfelder des kreativen und therapeutischen Schreibens
2013. 314 Seiten, mit 25 Abb. und 3 Tab., kartoniert
ISBN 978-3-525-40189-7

eBook: ISBN 978-3-647-40189-8

Kreatives und therapeutisches Schreiben in verschiedenen Praxisfeldern zu nutzen: Das ist das gemeinsame Anliegen der Autorinnen, die praxisrelevante Ansätze erproben, erschließen und erforschen.

Verlagsgruppe Vandenhoeck & Ruprecht | V&R unipress

www.v-r.de